www.tredition.de

AF202973

Iris Lewalski

La Gomera Meine spirituelle Reise zum Ich

Erfahrungsbericht

www.tredition.de

© 2020 Iris Lewalski

Verlag & Druck: tredition GmbH, Halenreie 40-44, 22359 Hamburg

ISBN
Paperback: 978-3-347-00877-9
Hardcover: 978-3-347-00878-6
e-Book: 978-3-347-00879-3

Inhaltsverzeichnis

Vorwort

Für wen und warum ich dieses Buch schreibe.

Für Alle, die auf der Suche sind nach Selbsterkenntnis. Für Menschen, die ihren wahren Wesenskern entdecken bzw. kennenlernen möchten; die besser verstehen wollen, warum sie heute so handeln und fühlen wie sie es tun. Für Diejenigen, die eine Vision bzw. einen Weg für ihre Zukunft/ihren Lebensweg finden möchten.

Weil die Erlebnisse während meines Urlaubes auf La Gomera für mich derart außergewöhnlich waren. Sie haben mich mir selbst so viel nähergebracht. Natürlich blieb das nicht ohne Folgen und hat meinem Leben eine neue Richtung gegeben.

Ich möchte mit diesem Werk andere Menschen ermutigen, sich auf den Weg zu machen. Nicht in der Suche festzustecken, sondern sich zu finden, erkennen und lieben zu lernen.

Die Insel La Gomera mit ihrer einzigartigen Energie ist ein wahrhaft geeigneter Ort dafür. Sie wird von vielen Menschen als Überbleibsel von Atlantis bezeichnet. Ich habe eine 3jährige Ausbildung in schamanischen Heilweisen absolviert. Mein damaliger Lehrer erzählte von einer seiner schamanischen Reisen, dass er ein Bewohner von Atlantis gewesen sei. Die Kommunikation zwischen den Menschen wäre damals auf telepathischer bzw. energetischer Ebene erfolgt. Mir ist es hier ähnlich ergangen.

Auszug von Wikitravel:

„Ob Phönizier, Griechen und Römer die Inselgruppe kannten, ist unklar, es wird jedoch in diversen Schriften der Antike immer wieder auf eine Inselgruppe gleichen Namens Bezug genommen, oft in Zusammenhang mit dem sagenhaften Land Atlantis. Auch in zahlreichen arabischen, byzantinischen und europäischen Schriften des Mittelalters wird auf die Inseln Bezug genommen."[1]

Newmedia:

„Jedoch hat die Insel auch einen eigenen Willen. Ihre Besucher werden charakterlich geprüft und man spürt es laut den Berichten einzelner hellfühliger Personen sehr intensiv, wenn man nicht will-kommen ist. Öffnet man der Insel seinen Geist und sein Herz, heißt sie einen willkommen und beschenkt einen großzügig auf der geistigen Ebene. Dies mag auch eine Erklärung dafür sein, warum sich viele spirituelle Menschen hier niedergelassen haben."[2]

Die geschilderten Ereignisse in diesem Buch entsprechen ausschließlich meinen persönlichen Eindrücken. Die Namen der beteiligten Personen wurden geändert.

---

[1] https://wikitravel.org/de/La_Gomera

[2] https://vistano.com/spirituelle-lebensberatung/mythologie-alte-kulturen/la-gomera-das-alte-herz-von-atlantis/

Vorbereitung

Hier stand ich nun auf der schönen Insel La Gomera: Ziel meiner Wünsche und Träume und heulte wie ein Schlosshund....

Wie kam es nur dazu?

Mit zunehmendem Alter wurde es für mich immer schwieriger den deutschen Winter zu überstehen. Die Kälte und die Dunkelheit machten mir von Jahr zu Jahr mehr zu schaffen. Mein Spruch „Weck mich, wenn es Frühling wird" war in meinem Freundes- und Bekanntenkreis schon bekannt. „Na, wo geht's denn diesen Winter hin?" spotteten sie. Im Grunde war ich auf der Suche nach einem Ort in der Sonne, wo ich regelmäßig den Winter verbringen konnte. Aus finanziellen Gründen müsste ich dort auch arbeiten können. Nur Urlaub machen, wenn zu Hause die Kosten weiterlaufen, war einfach nicht drin. Bis zur Rente warten.... welche Rente? Undenkbar. Das würde ich nicht überleben. Tiefe Winterdepressionen plagten mich jedes Jahr aufs Neue. Deshalb wollte ich mal wieder einen Angriff starten, um ein Winterdomizil zu finden. Viele Länder hatte ich schon bereist. In einigen auch gearbeitet, aber keines fühlte sich wirklich gut an, bis auf Neuseeland. Dort hatte ich mich so wunderbar und außergewöhnlich gefühlt; aber als Ausländer dort zu arbeiten erwies sich als äußerst schwierig; besonders wenn man für seine Arbeit mit Geld bezahlt werden möchte. Dies hatte ich im Winter 2007/08 bitter erfahren müssen. Für die kalte und dunkle Jahreszeit 2017/18 hatte ich mir La Gomera vorgenommen. Das dafür vorgesehene Geld ging dann aber für ein anderes Projekt drauf. Ein halbes Jahr später las ich auf der Homepage eines Schamanen Kollegen, dass er eine Reise dorthin plane. Sofort habe ich Kontakt aufgenommen und ein erstes Treffen vereinbart. Was er mit seinem Freund plante, hörte sich sehr gut an. Das schien für mich genau das Richtige zu sein. Also habe ich zugesagt. Im September sollte es losgehen. Bis dahin hieß es für mich also sparen, sparen, sparen. Zwei Wochen vor Start der Reise war ein Treffen der Teilnehmer angesetzt. Ich war sehr froh, dass ich alle schon kannte. Die meisten allerdings nicht besonders gut. Ich möchte sie hier einmal kurz vorstellen:

Cemal: Hauptorganisator der Reise. Ihn empfand ich als offenen und herzlichen Menschen mit einem breiten Lachen auf dem Gesicht.

Tom: Ein ruhiger Mensch, der im ersten Moment noch nicht viel von sich preisgibt. Seine warme Ausstrahlung spricht aber für ihn auch ohne viele Worte.

Doris: Lebendig, quirlig und immer am „Schnattern". Ihr Mund steht nie still.

Ella: Wir beide haben uns auf einem Seminar Anfang des Jahres kennengelernt und waren uns auf Anhieb sympathisch.

Ich: Selbständig mit meiner Praxis im Gesundheits- und Wellnessbereich für Mensch und Tier.

So unterschiedlich wir auch waren, hatten wir doch alle schon ein paar Jahrzehnte „Leben" hinter uns.

Was uns einte, war die Frage: Was fange ich mit dem Rest meines/dieses Lebens an? Wo stehe ich und wo geht es für mich lang? Irgendwie nagte an Jedem eine Unzufriedenheit, die uns das Leben schwer machte. Trotz reichlichen Nachdenkens nicht greifbar. Darüber trug sicherlich jede/r noch weitere individuelle Themen im Innern mit sich herum. Somit hofften wir auf La Gomera Antworten zu finden.

Ich denke, dass jeder Mensch früher oder später an diesen Punkt kommt und sich auf die Suche macht.

Das Kennenlern-Treffen war ein toller Abend. Beim Essen haben wir uns gut verstanden und viel gelacht. Die einzelnen Erwartungen wurden besprochen und es schien sich gut ineinander zu fügen.

Zum Abschluss machten wir noch eine schamanische Reise zu unserem jeweiligen Helfer mit folgendem Ziel: Eine Bitte aussprechen für gutes Gelingen, positive Energie und Schutz. Ich bekam in meiner Reise nochmal deutlich vor Augen geführt, wie unterschiedlich doch die einzelnen Charaktere seien. Jeder hätte da sein Thema im Gepäck. Bei einigen würden sogar große Prozesse in Gang gesetzt bzw. bearbeitet werden. Bei Anderen würde es nicht so dramatisch ausfallen. Wie es mir ergehen würde? Darauf habe ich keine Antwort erhalten. Jeder stünde für sich und doch wären wir alle mit einem Band verbunden. Ein Band von Unterstützung, Halt und auch Respekt vor der Individualität. Jeder dürfe sein wie er/sie ist. Über der ganzen Szenerie hing eine Art Energieglocke. Ich konnte es kaum noch erwarten. Die Vorfreude wuchs und ich fing an die Tage zu zählen.

Anreise und erstes Einstimmen

Dann endlich war es so weit! An einem Freitagabend holte ich Ella ab und wir fuhren zu Cemal. Da wir morgens um 2.00 starten mussten, wollten wir die Nacht vorher schon bei ihm verbringen. Die Fahrt zum Flughafen empfand ich als sehr abenteuerlich. Das Auto schlingerte ordentlich hin und her mit dem vielen Gepäck im Kofferraum. Außerdem machte es so komische Geräusche. Ich befürchtete, wir kämen weder heile noch rechtzeitig an. Aber es hat dann doch alles gut geklappt. Um 6.00 ging der Flieger von Düsseldorf nach Teneriffa. Dort hatten wir ein paar Stunden Aufenthalt. Das war sehr gut. So konnten wir uns schon mal ganz entspannt an das warme Klima gewöhnen. Anschließend weiter mit der Fähre nach La Gomera. Ich vergesse nie die Überfahrt: Von Weitem erschien sie wie eine gewöhnliche Kanaren Insel. Doch je näher wir kamen, desto beeindruckender wurde sie. Schon bevor wir in den Hafen einliefen waren da diese hohen Felsen. Sie strahlten mit einer Energie, die ich deutlich spüren konnte. So groß, irgendwie mächtig und gewaltig wie ich es noch nie woanders empfunden hatte. Die Übernahme des Mietwagens klappte ohne Probleme und los ging es. Von San Sebastian fuhren wir gleich steil bergauf. Ich hatte sehr mit meiner Höhenangst zu kämpfen. „Tief durchatmen und nicht nach unten schauen ..." So konzentrierte ich mich auf die Landschaft, ließ meinen Blick über die Berge streifen oder tauchte mit geschlossenen Augen in die Atmosphäre ein. Ich spürte diese in sich ruhende Kraft - Naturgewalt - Steinmassiv. So ursprünglich und unberührt bzw. fast unwirtlich. Kein Mensch, keine Behausung, keine Ziegen oder Schafe zu sehen. Kann hier überhaupt irgendetwas oder irgendjemand überleben? Und doch zog es mich in den Bann. Wie klein und unbedeutend der Mensch doch ist. Um zu unserer Unterkunft zu gelangen, mussten wir einmal quer über die Insel. Auf dem Weg wurde deutlich wie vielfältig die Natur hier ist. Wir waren alle recht müde und wollten natürlich so schnell wie möglich an „unserem" Haus in Tazo ankommen. Einen Stopp mussten wir allerdings einlegen, da es uns alle so faszinierte: Nebel kennen wir ja reichlich auch aus Deutschland, aber dieser hier - mitten im Lorbeerwald - hatte was Eigentümliches an sich. Es kam uns allen vor wie ein verwunschener Ort an dem die Feen leben. Lange Flechten hingen an den Ästen, Sonnenstrahlen fielen durch das Blätterdach. Insgesamt eine mystische Stimmung. Wie in einem Zauberwald wo andere Gesetze gelten. Wir alle waren davon fasziniert. Ich denke aber, dass es tatsächlich nur denjenigen so geht, die ihr Bewusstsein erweitern können bzw. sehr sensibel sind, um diese Schwingung aufzunehmen. Für alle anderen ist es halt nur Nebel oder „dicke Suppe". Vielleicht ärgern sie sich sogar über die schlechte Sicht. Für uns aber war es ein Erlebnis und nochmal ein besonderer Einstieg in unseren Schamanen-Urlaub.

Auf La Gomera geht es nur in Schlangenlinien bergauf und bergrunter. Gerade Strecken gibt es nur eine einzige auf ungefähr 5 km Länge. Entsprechend langsam kamen wir voran. Das letzte Stück war recht abenteuerlich. Cemal war einen kleinen Umweg gefahren in dem Glauben, dass dies hier die bessere Strecke sei. Wir mussten eine schmale und unbefestigte Straße mit einigen Schlaglöchern überwinden. Auf der einen Seite der Berg - auf der anderen Seite der Abgrund. Wie sich dann herausstellte, hatte Doris extreme Höhenangst. Sie fing an zu hyperventilieren, zumal sie auf der Seite des Abgrunds saß. „Hoffentlich kommt uns jetzt keiner entgegen...". Ich konnte fühlen, wie wir alle dasselbe dachten. Dann war es endlich geschafft und wir waren froh, heile angekommen zu sein.

Das Haus schien von außen eher klein, erwies sich von innen jedoch sehr geräumig. Alles war sauber und gut gepflegt. Allerdings nicht sonderlich komfortabel sondern recht schlicht und einfach eingerichtet. Dazu noch ziemlich dunkel und leicht stickig, zumindest in der oberen Etage. Es waren wohl lange keine Gäste hier gewesen. Für uns allemal ausreichend, da wir uns ja hier sowieso nicht viel aufhalten würden.

Cemal wollte unbedingt noch eine erste kurze Arbeit machen als Einstieg in unsere schamanische Woche.

Der Seminarraum entpuppte sich als ein frei-stehendes Holz-Minihäuschen. An der einen Seite fast die komplette Front mit bodentiefen Fenstern ausgestattet. So hatte man von drinnen einen sehr schönen Blick über das Tal bis hinunter zum Meer. Davor eine kleine Terrasse aus Holz. Drinnen sehr hell, Dielenboden, lachsfarbene Wände. In der einen Ecke ein kleines Podest; darauf - hinter Gardinen - ein Doppelbett. Sitzkissen, Yoga Matten, Decken, Musikanlage, alles da.

Das Oberthema lautete ja „Heilarbeit und Öffnung des Herzens". Ziel: Dadurch Antworten auf unsere Fragen finden.

Wir begannen mit einem Ritual: Gemeinsam Atmen. Wie sich später herausstellte, sollte jeder Tag so beginnen. Unsere Aufgabe für heute war „Welches individuelle Thema bringst Du mit? Warum bist Du hier auf La Gomera?" Das sollte sich jeder nochmal ins Gedächtnis rufen und für sich genau formulieren. Es könnte aber auch sein, dass jetzt beim gemeinsamen Trommeln vielleicht noch etwas ganz Anderes auftauchen würde.

Für mich war das klar: „Was fange ich mit dem Rest meines Lebens an?" Das sollte reichen. Außerdem verfolgte ich noch ein „weltliches" Ziel: Die Finca Argayall kennenlernen. Vielleicht ist das der Ort, wo ich regelmäßig im Winter arbeiten könnte. Nachdem was ich bislang im Internet recherchiert hatte, schien dies für mich „the place to be" zu sein.

Ansonsten war ich einfach offen für das, was sich in der ersten Woche in der schamanischen Arbeit noch ergeben würde.

So ließ ich während des Trommelns einfach meine Gedanken laufen: Reise zu meiner Seele – mich besser kennenlernen - mal den Verstand beiseiteschieben - meinen wahren Wesenskern erkennen und annehmen - auch die unangenehmen Seiten - was sonst noch so in mir brodelt - nicht nur das freundliche, mitfühlende Wesen - sondern auch Wut und Hass - Feuer und Wasser - Ruhe und Hektik.

Oha! Da konnte ja noch Einiges auf mich

zukommen!

Zurück in Deutschland habe ich noch ein Wenig recherchiert und diesen Text gefunden:

„Ist La Gomera das alte Herz von Atlantis? Kaum eine andere Insel der Kanaren besitzt so viel Magie und Zauber. In Worte ist dies schwer zu fassen, doch kommuniziert die Insel mit feinfühligen und hellsichtigen Menschen.

Nachfolgend geht es nicht um die traumhafte familiäre Atmosphäre oder die phantastische Landschaft oder die magischen Nebelwälder. Es geht darum, die Seele und den Geist dieser Insel zu beschreiben.

Wenn man ein spirituelles Empfinden besitzt, strömen sehr viele Gefühle, alte Geschichten und Bilder auf einen ein. Man träumt hier ganz anders, sehr viel klarer und intensiver. Oft handelt es sich gar nicht um Träume, sondern um Visionen. Es scheint so, als wollte die Insel einem eine Geschichte erzählen und bedient sich dabei der persönlichen Erinnerungen sowie den Dingen, die in seinem eigenen Leben gerade eine besondere Bedeutung haben.

Entweder man liebt La Gomera oder man hasst es – für Atlantis wird dies ebenfalls zugetroffen haben. Es scheint jedoch so zu sein, dass die Insel entscheidet, ob jemand hierhergehört oder nicht. Wenn man nicht willkommen ist, wird die Insel einem dies unmittelbar klarmachen, es sei denn man ist hier in Begleitung einer Person, die willkommen ist, dann wird man zumindest geduldet. Wenn die Insel einen in sein Herz schließt, erhält man von Ihr zahlreiche Geschenke.

Hier gibt es erstaunlich viele spirituelle Menschen, besonders unter den Ausgewanderten. Es gibt Yoga-Lehrer, Schamanen, weiße und schwarze Hexen, Magier und sogar Druiden, die jedoch oft nicht erkannt werden wollen. Es gibt in Europa kaum einen besseren Ort, um neue spirituelle Weisheiten zu erlernen. Hier kommen die Elemente Wasser, Feuer, Erde und Luft zusammen.

Neben den Träumen und Visionen, die man hier auf dem verbliebenen Herz von Atlantis erlebt, wird man auch einige interessante Prüfungen machen. Manchmal testet die Insel z.B. ob man tierlieb ist. Im Nebelwald kann man schon einmal ein kleines vermeintlich ausgesetztes Kätzchen miauen hören. Wenn man nach dem Kätzchen ruft und ihm verspricht, es mitzunehmen, dann hat man die Prüfung bestanden. Wenn man es nur fotografieren will, ist man durchgefallen. Die Bäume der Nebelwälder Gomeras reiben oft einander und erzeugen dabei die verschiedensten Geräusche."

„Wer einmal tief in den Spiegel seiner Seele blicken möchte, sollte Gomera unbedingt einen Besuch abstatten."

„Christoph Columbus machte auf La Gomera vor der Entdeckung Amerikas einen Zwischenstopp. Das Wasser, mit dem Amerika getauft worden ist, stammt aus einem Quellbrunnen von San Sebastian auf La Gomera."[3]

---

[3] Magazin » Mystik » La Gomera – das Herz von Atlantis

Erste schamanische Reise zur Insel

Da es gestern Abend schon recht dämmrig war als wir ankamen, sahen wir heute Morgen die Gegend das erste Mal bei Tageslicht. Eine eher herbe Landschaft mit recht wenig Vegetation. Das Bild wurde vorwiegend von Palmen und Kakteen beherrscht, dazu unbefestigte Straßen. Ein trüber Himmel und starker Wind, also nicht gerade das, was man sich von einer Kanareninsel erhofft. In der morgendlichen Arbeit machten wir eine weitere schamanische Reise zur Insel unter dem Aspekt: Hier liegt ein Geschenk für Dich und was bringst Du mit? Erst fand ich keinen Zugang; es zeigten sich keine Bilder vor meinem inneren Auge. Normalerweise geht das bei mir recht schnell, aber diesmal wollte es irgendwie nicht klappen. Ich fing an zu zweifeln, ob das mit La Gomera wirklich eine gute Idee war. Aber dann ging es doch los. Folgende Szenen bekam ich zu sehen: Ich saß in einem kleinen Motorboot, welches von einem Einheimischen gesteuert wurde. Wir fuhren in Küstennähe der Insel und suchten einen geeigneten Platz, um an Land zu gehen. Schließlich entdeckten wir einen Höhleneingang. Dort fuhren wir hinein und kamen in eine Art Gewölbe. An einer Stelle wurde das Wasser etwas flacher. Da setzte mich der „Fährmann" ab und fuhr wieder davon. Ich sah mich um und erkannte in dem trüben Licht einen dunklen Tunnel, dem ich folgte. Dieser mündete in einer Grotte; von oben schien Licht herein. Dort hing eine Strickleiter, die ich hinaufkletterte. Ich kam auf einem kleinen Plateau raus - es schien eine Art Ritual Platz zu sein. An einer Stelle stand ein großer Baum, darunter eine Figur aus Holz, ca. 50 cm hoch. Von diesem Baum ausgehend standen weitere seltsame, wesentlich größere Holzfiguren im Kreis.

„Ich habe gar kein Geschenk dabei" schoss mir durch den Kopf; dann „Die Liebe, ja die Liebe bringe ich mit und schenke sie diesem wundersamen Ort! Was hält er wohl für mich bereit?" Dann wurde mir ein Ausschnitt/Abriss der Erdgeschichte La Gomeras gezeigt. Wie die Naturgewalten/Elemente wirkten. Angefangen von Sturm, Donner und Blitz; gefolgt von Erdbewegungen, Vulkanausbrüchen und Lavaströmen. Das Gewitter wurde immer stärker und dann folgten massive Regenfälle begleitet von heftigsten Meeresbewegungen.

Auf einmal schien ich das Ganze aus der Luft zu betrachten. Ich sah mich selbst da unten auf diesem Plateau stehen, die Arme weit ausgebreitet. (Jetzt beim Schreiben dieser Zeilen erkenne ich die Ähnlichkeit mit den Holzfiguren, die dort standen). Ich entfernte mich immer weiter. Es erinnerte mich an eine Szene aus meiner ersten Rückführung; d. h. dies ist der Beginn des Sterbeprozesses.

La Gomera/Atlantis schien unterzugehen und mein damaliger Körper mit.

Ich fragte, ob es etwas gäbe, was die Menschen/die Kultur damals zurückgelassen hätten? Als Zeichen für die Nachwelt? Gibt es irgendetwas, das überlebt hatte? Als Antwort bekam ich ein „Ja". Ich solle nach Figuren/Gesichtern in Stein gehauen Ausschau halten.

Dann war die Reise zu Ende. Ich war tief berührt und fühlte im Innern, dass es wirklich so geschehen war und sei es in einer anderen Dimension.

Der Nachmittag war für rein Weltliches vorgesehen, sprich Lebensmittel einkaufen, zumal wir als Selbstversorger gebucht hatten. Also machten wir uns auf den Weg nach Valle Grand Rey. Cemal saß wieder am Steuer. Er fühlte sich wohl als Reiseleiter für uns alle verantwortlich.

Neben ihm saß Tom, aus meiner Sicht als moralische Unterstützung in brenzligen Situationen; außerdem hatte er die längsten Beine und war vorne sicher besser aufgehoben als auf der Rückbank. Diesmal nahmen wir aber eine andere Strecke aus dem Tal hinaus. Wie sich herausstellte, war diese deutlich kürzer aber fast genauso schmal wie die gestern Abend. Doris saß diesmal auf der Bergseite und damit ging es Ihr deutlich besser. Zur Ablenkung hatte sie Musik via Handy im Ohr. Ella, die kleinste und schmalste von uns allen, machte das „Sandwich". Diesmal hatte ich den schwarzen Peter gezogen und saß an der Abhang Seite. Wir hatten ein paar Mal Gegenverkehr und es war haarscharf, dass wir mit allen 4 Reifen auf der Strecke blieben. Also nix für schwache Nerven... (im Laufe der Woche gewöhnte ich mich jedoch daran und empfand es gar nicht mehr so schlimm).

Zum Valle Grand Rey mussten wir erst ein Stück bergauf fahren und dann ging es wieder sehr kurvenreich bergab. Dementsprechend veränderten sich auch jedes Mal Temperatur und Luftdruck. Übelkeit und Schwindel wechselten sich ab. Da braucht man schon eine gute Konstitution. Das Valle Grand Rey - Tal des großen Königs - war in den 70/80zigern DAS Ziel für Aussteiger und alternativ Interessierte. Ich war sehr neugierig wie es dort sein würde. Leider ist davon heute nicht mehr viel zu spüren; aber trotzdem - das Tal ist sehr beeindruckend, wenn man es das erste Mal sieht. Bevor man hinabfährt hat man an einer Aussichtsplattform die Gelegenheit von oben zu schauen. Terrassen zu beiden Seiten der Felsen. Auf diesen schmiegen sich Häuser eng aneinander. Sehr markant die weiße Kirche auf einem Felsvorsprung, um den die Straße uns später herumführte.

Je tiefer wir kamen, desto heißer wurde es. In Tazo waren wir bei 21 Grad und Wind gestartet. Als wir nun hier ins Tal eintauchten, zeigte das Thermometer 32 Grad und Windstille. Was für ein krasser Unterschied. Da hat der Körper ordentlich zu tun. So gönnten wir uns als Erstes ein Bad im Meer. Die Gastgeberin des Seminarhauses hatte uns einen Strand empfohlen, wo man nackt baden konnte. Dieser entpuppte sich als Geröllstrand. Die schwarzen Steine waren so heiß, dass man barfuß kaum darauf laufen konnte. Die Erfrischung war dafür umso größer - was für eine Wohltat, einfach nur herrlich. Das Wasser sauber und klar mit leichten Wellen, von denen man sich tragen lassen konnte.

„Zufällig" waren wir genau bei der Finca Argayall gelandet. Die wollte ich mir unbedingt genauer ansehen unter dem Aspekt des Winteraufenthaltes. Ich war sehr neugierig, zumal das ja mein großes Problem der Winterdepressionen lösen sollte. Unter keinen Umständen war ich weiterhin bereit, ein halbes Jahr und somit ein halbes Leben vor mich hin zu vegetieren. Da musste etwas passieren. Was soll ich sagen...was für eine herbe Enttäuschung....kein Flair, keine Energie, irgendwie leer. Obwohl die Hauptanlage sehr gepflegt war und auch so, wie sie im Internet präsentiert wurde; auf mich wirkte alles tot und ohne Inhalt. Ein dicker dunkler Fleck breitete sich in meinem Innern aus. Ich konnte es gar nicht fassen - wieder mal aus der Traum. Ich hatte mir das so schön ausgemalt und vorgestellt, wie es sein würde und nun mit einem Schlag ...

So berührt und voller Energie wie ich von der schamanischen Reise heute Morgen war, so leer fühlte ich mich in diesem Augenblick.

Ich bin jemand, die oft Dinge mit sich selbst ausmacht. Deshalb versuchte ich, mir das nicht anmerken zu lassen. Ich wollte die Stimmung in der Gruppe nicht herunterziehen. Wir waren ja erst am Anfang unseres gemeinsamen „Abenteuers" und jeder bemühte sich, dass eine gute Laune herrschte, damit wir alle etwas Positives mitnehmen könnten.

Anschließend schlenderten wir noch ein wenig durch die Gassen des Ortes. Ein kleines beschauliches Städtchen mit vielen Souvenirläden, Bars und Restaurants. Dazwischen vereinzelt Anbieter von Bootsfahrten um Wale und Delfine zu beobachten, Trekking Touren in die Berge sowie Kunsthandwerk.

Schließlich fanden wir ein kleines Lebensmittelgeschäft und einen Rewe Markt! Dort deckten wir unseren Bedarf an Obst, Gemüse, etc. für die kommende Woche.

Zum Abschluss des Tages gönnten wir uns noch ein Essen in einem Restaurant am Hafen. Von dort konnte ich nochmal zur Finca Argayall hinübersehen. „Na ja, vielleicht sollte ich mir das doch nochmal genauer ansehen und nicht so schnell aufgeben. Wir sind ja noch eine Weile hier auf der Insel." Das Essen war einfach und lecker. Wieder mal musste ich staunen, wie viel Doris verdrücken konnte. Sie hatte sich ein komplettes Menü mit Scholle bestellt, während wir anderen nur eine Kleinigkeit aßen.

Wo lässt sie das nur? Sie ist zwar groß, dabei aber gerten-schlank. „Unser Reh" taufte Ella sie im Laufe der Woche.

Danach ging es wieder zurück nach Tazo und irgendwie war ich froh, wieder dort zu sein.

Traum vom Klo

Ich befand mich in einem Haus - vom Gefühl her das meiner Eltern. Sie waren im Urlaub und ich sollte nach dem Rechten schauen. Komisch war, dass alle Räume leer waren. Keine Möbel und auch sonst nichts weiter vorhanden, irgendwie unbewohnt. Im Bad rauschte das Klo, die Spülung lief lautstark. Ich traute mich nicht nachzuschauen. Eine große Angst ergriff mich vor dem, was ich zu sehen bekommen würde. Mein Pflichtgefühl drängte mich zwar - schließlich hatte ich versprochen aufzupassen, dass alles in Ordnung bliebe. Außerdem ging von dort ein starker Sog aus, er schien mich förmlich zu ziehen, aber meine Angst war einfach zu groß. So verließ ich das Haus. Am nächsten Tag ging ich am Haus nur vorbei - nicht hinein - und wieder erfasste mich dieser Sog. Es ging eine derartige Energie von ihm aus, die meinen ganzen Körper füllte. Tags drauf musste ich einfach hineingehen - meine Pflicht - hatte ich ja versprochen. Als Unterstützung hatte ich diesmal jemanden dabei - um Begleitung/Hilfe gebeten. Ich bin bis in den Vorraum gekommen, aber die Tür zum eigentlichen Wohnraum konnte ich nicht öffnen. Panische Angst ergriff mich erneut und füllte wieder meinen ganzen Körper. Dieser Sog war derartig stark, dass ich fürchtete, er würde mich in den Abgrund reißen, sobald ich die Tür auch nur einen Spalt breit öffnen würde; und dennoch verspürte ich auch einen inneren Drang dies zu tun. Irgendwie war ich im Zwiespalt....dann siegte die Angst. Gott sei Dank hatte ich eine Begleitung dabei. Die bat ich mich festzuhalten, damit ich nicht weggerissen bzw. doch noch meinem inneren Drang folgen würde. Schweißgebadet wachte ich auf.

Was hatte das nur zu bedeuten? Ich konnte mir keinen Reim darauf machen.

Erst Monate später zurück in Deutschland habe ich über Traumdeutung recherchiert:

Traumsymbol Toilette - Die allgemeine Deutung

„Der Ort, wo selbst der Kaiser zu Fuß hingeht, umgangssprachlich auch häufig einfach nur „Klo" genannt, kann im Traum zwar für Schmutz und geringe Anerkennung stehen, dennoch symbolisiert sie nach allgemeiner Traumdeutung meistens vielmehr eine **Befreiung** von Negativem: Der Träumende trennt sich im realen Leben von unliebsamen Belastungen und schafft in seiner Seele Platz für Erfreuliches und Schönes. Die abgestreiften negativen Emotionen können hier-bei auch durchaus für Schuldgefühle stehen, von denen der Träumende es schafft sich zu lösen."

Traumsymbol Toilette - Die psychologische Deutung

„Auch in psychologischer Hinsicht stellt das Traumsymbol „Toilette" einen Akt der inneren "Reinigung", der **Loslösung** von negativen Emotionen dar. Der Träumende befreit sich symbolisch von seelischem Ballast. Darüber hinaus stellt das Traumsymbol Toilette nach der psychologischen Deutung auch einen Aspekt der eigenen Sexualität des Träumenden dar: Er trägt sexuelle **Sehnsüchte** und unterdrückte Triebe in sich, die er gerne befreien und ausleben würde."

Traumsymbol Toilette - Die spirituelle Deutung

„Die spirituelle Deutung des Traumsymbols Toilette ähnelt den anderen Deutungsansätzen: Auch hier stellt die Toilette ein Symbol der **inneren Reinigung** dar. Der Träumende befreit sich mittels der Toilette von allem Negativen und entsorgt auf diese Weise persönlichen Ballast."[4]

Ich deutete das für mich so, dass meine Seele dringend nach Reinigung bzw. Befreiung ruft, aber mein Verstand mich zurückhält genau hinzuschauen. Es fand im Haus meiner Eltern statt, also Erlebnisse aus der Kindheit? Allerdings war das Haus leer. Zu diesem Thema habe ich bereits vor Jahren „gearbeitet/aufgeräumt". Dazu fällt mir jetzt auch nichts mehr sein.

Was sich für mich schlüssig anfühlt, ist eine Befreiung aus der jetzigen beruflichen Situation. In der Tat empfinde ich sie seit Jahren über weite Strecken als Belastung hinsichtlich der finanziellen Situation.

Es ist wohl höchste Zeit mich davon zu lösen und somit Platz zu schaffen für Neues.

---

[4] https://traum-deutung.de/toilette/

Medicine Walk

Nach unserer üblichen Morgenarbeit fuhren wir hoch in die Wälder von Ceres. Dort wollten wir einen Medicine Walk machen. Vom Parkplatz aus führte ein Wanderweg leicht bergab. Eine Strecke von ca. 5,7 km lag vor uns. Am Ziel sollte eine Pause in einer kleinen Gaststätte eingelegt werden. Dort wollten wir eine super leckere Kresse Suppe essen. Diese sei ein typisches gomerisches Gericht. Danach den gleichen Weg wieder zurück gehen. „Es sind nur zu Anfang ein paar Stufen bergab. Diese müssen wir auf dem Rückweg wieder bergauf." So sprach Tom, der geübte Wanderer aus Bayern. Er hatte die Strecke ausgesucht. Was er unter „ein paar Stufen" verstand, wurde uns dann später klar...Es sollte ein Medicine Walk werden; d.h. jeder sucht sich ein extra Thema/eine Frage/ein einzelnes Problem aus, worauf er eine Antwort haben wollte. Ich hatte mir speziell hierzu noch überhaupt keine Gedanken gemacht. Also nahm ich das, was mir in dem Augenblick in den Kopf kam: „Annehmen, was sich zeigt" und ich hatte überhaupt keine Idee, was das sein könnte. Der Weg war klar gekennzeichnet. Ein Verlaufen also unmöglich. Wir würden im Abstand von ca. 7 Minuten losgehen, damit jeder für sich allein den Weg erleben konnte. Lediglich an Weggabelungen würde Tom dann auf den Nachfolgenden warten und die Richtung weisen. An markanten Stellen würden wir auch mal eine gemeinsame Pause einlegen; jedoch bitte auch dann Stille bewahren und alle Sinne öffnen. So der Plan. Bevor es losging vollzogen wir noch ein kleines Ritual: Jeder stellte sich an den Start, öffnete mit einer im Uhrzeigersinn drehenden Handbewegung das Tor in die Anderwelt und schritt über eine imaginäre Schwelle. Tom, der den Weg ja kannte, ging als Erster. Im Abstand von ca. 7 Min. dann der/die Nächste. So war jeder für sich allein. Schweigen war angesagt und darauf achten, was einem auffiel, bzw. welche Gedanken oder Gefühle dabei hochkommen würden. Also los ging es - Step by Step - nicht zu schnell, ein Schritt nach dem anderen. Mir fiel gleich ins Auge, dass die Bäume alle in einer ausgeprägten Drehbewegung wuchsen. Ähnliches hatte ich schon in NZ gesehen. Wie das duftete nach Pinien, Harz, Sommer, Sonne und Süden. Das Alles füllte meine Lungen und hüllte mich komplett ein. Es fühlte sich einfach fantastisch an, etwas ganz Besonderes für mich. So wohl hatte ich mich schon lange nicht mehr gefühlt. Eine innere Kraft, die mir Halt gab und mich stärkte. Nach ein paar Kilometern legten wir die erste Pause ein. Dort gab es eine Aussichtsplattform/Mirador. Der Blick von dort traf mich mitten ins Herz: Gegenüber war ein dicht bewaldeter Hang. Dieser Anblick katapultierte mich sofort nach NZ. Das damalige Lebensgefühl breitete sich in meinem ganzen Körper aus. Und dann passierte das Unerwartete:

Meine Kehle schnürte sich zu, ich fühlte, wie irgendetwas in meinem Inneren hochstieg. Ich kenne das von anderen Situationen und wusste, das sind die Symptome, wenn meine Seele spricht. Meine Augen füllten sich mit Tränen.

Hier stand ich nun auf der schönen Insel La Gomera, Ziel meiner Träume und Wünsche und heulte wie ein Schlosshund. Denn dieses besondere Lebensgefühl hatte ich bislang nur in Neuseeland so empfunden (warum das so war, sollte sich in den nächsten Tagen herausstellen). Neuseeland war damals das Land meiner Träume. Dort wollte ich seinerzeit ein neues Leben beginnen und mich gerne verlieben. Phasenweise war es mir auch gelungen. Diese Sehnsucht nach Freiheit und Sonne; das Gefühl von überschwänglicher Freude und purem Glück überkam mich. In diesem Augenblick wurde mir klar: Davon habe ich in meinem jetzigen Leben nicht allzu viel.

Ich muss alles unternehmen, um das wieder in mein Leben zu holen. Genauso kamen aber auch die Erinnerungen und Gefühle an die Phasen, eine Fremde in einem fremden Land gewesen zu sein. Wie ich mich als Ausländerin gefühlt hatte und auch so behandelt worden war; und das schmerzte sehr.

Ich war überwältigt –

damit hatte ich nicht gerechnet.

In einem „Gespräch" mit einem Baum kriegte ich noch Folgendes zu hören: „Ein Kind des Waldes bist Du - hier bist Du zuhause. Vielleicht ist Naturschutz auf La Gomera ja was für Dich. Dann solltest Du aber Dein Spanisch aufpolieren." Da musste ich in mich hinein lächeln...na ja, aber lohnt sich bestimmt mal drüber nachzudenken. Zumal sich das mit der Finca Argayall für mich als unpassend herausgestellt hatte.

Nach 2,5 Std. kamen wir am Ziel an. Ziemlich erschöpft und **es gab nix mehr zu essen!** Die unfreundliche Bedienung hat sich gerade mal herabgelassen uns wenigstens ein Getränk zu bringen. Doris und Ella waren ziemlich fertig. Sie weigerten sich, den Weg wieder zurückzugehen. Für mich hätte es auch nicht unbedingt sein müssen. Eine Diskussion entflammte, was zu tun wäre. Die Stimmung erreichte einen Tiefpunkt. Wir gingen verschiedene Möglichkeiten durch:

Variante 1: Cemal und Tom gehen zurück und holen das Auto hierher. Das würde aber mind. 3,5 Std. dauern. Wir säßen hier so lange rum ohne Essen und Trinken bei 30 Grad! Ach nö, keine gute Idee.

Variante 2: Ob man nicht ein Taxi hierher bestellen könne, in dem wir alle gemeinsam zum Parkplatz zurückfahren könnten.

Variante3: Gemeinsam weiter bergab dem holprigen Weg folgen. Bis in den nächsten Ort gehen und dort ein Taxi nehmen zurück zum Ausgangspunkt. Das wären dann aber nochmal gut 7-8 km Weg in praller Sonne.

Wir entschieden uns für Variante 2. Also fragten wir drinnen nach, ob das möglich wäre. Die Antwort war: Hier kommt kein Taxi hin!!! Nun ja, tatsächlich saßen wir quasi mitten in der Pampa. Oje! Also rauften wir uns zusammen und machten uns gemeinsam zu Fuß auf den Rückweg. Das erwies sich als äußerst anstrengend. Bis auf Tom waren wir alle wenig bis gar nicht trainiert. 5,7 km bergauf - ungefähr 550 Höhenmeter lagen vor uns.

Schon nach kurzer Zeit fingen die Beine an zu schmerzen, der Schweiß floss, der Atem ging schwer. Durchhalten - einfach immer weiter gehen - Stufe für Stufe für Stufe - einfach immer weiter – nicht nachdenken. So schleppten wir uns bergauf. Es hatte fast etwas Meditatives. Ella bekam auf dem letzten Drittel massive Probleme mit Ihren Hüftgelenken. Beinahe hätten wir sie tragen müssen. Wir unterstützten uns gegenseitig und bissen die Zähne zusammen.

Nach 2,5 Stunden hatten wir es geschafft. Völlig erschöpft und mega stolz! Als Fazit erkannten wir: Dieses Erlebnis hat uns als Gruppe besonders zusammengeschweißt.

Mit Worten des Dankes schritten wir wieder über die imaginäre Schwelle und schlossen hinter uns das Tor mit einer drehenden Handbewegung gegen den Uhrzeigersinn.

Tag und Nacht am Strand

Für Cemal war dieser Tag das Herzstück der ganzen Reise. Er wollte uns zu einem besonderen Ort führen. Diesen hatte er im vergangenen Jahr mit Tom entdeckt. Wir wollten ein Entspannungs-Medikament zur Bewusstseinserweiterung einnehmen (wie es auch in der Schulmedizin eingesetzt wird) und dann einen ganzen Tag und eine Nacht dort verbringen. Dahinter stand die Idee, in diesem Zustand besondere Informationen zu unserem jeweiligen Haupt-Thema zu erhalten, z.B. aus dem morphogenetischem Feld, der Akasha Chronik oder der NAW (Nicht Alltägliche Wirklichkeit).

„Morphisches Feld: wie funktioniert das?"

„Das **morphische Feld** (oder auch als *morphogenetisches Feld* bekannt) spannt sich in unsichtbaren Netzen um die Erde und bildet global betrachtet ein gemeinsames, alles durchdringendes Energiefeld. Darin gibt es weder Abgrenzungen noch Grenzen. Die einzelnen morphischen Felder verbinden alles und jeden. Sie bilden Kreuzungslinien und stellen neue Verknüpfungen her. **Milliarden von Informationen** werden auf diese Weise von Feld zu Feld übertragen. Gelingt es, diese Informationen auszuwerten, ist das eine wertvolle und seltene Erweiterung der Sinne."[5]

---

[5] : https://morphischesfeld.com/

„Akasha-Chronik"

„Sie bezeichnet in Teilen der Esoterik, vor allem in der modernen oder anglo-indischen Theosophie und in der Anthroposophie, die Vorstellung von einem übersinnlichen „Buch des Lebens", das in immaterieller Form ein allumfassendes Weltgedächtnis enthält."[6]

„Die nicht-alltägliche Wirklichkeit (NAW)"

„Dieser Begriff stammt von Carlos Castaneda und vermittelt, dass es sich einerseits um eine Wirklichkeit handelt, die eindeutig als real erfahren wird, andererseits aber nicht alltäglich ist, das heißt, nicht den gewohnten Maßstäben und Bedingungen von Messbarkeit, Beweisbarkeit, Raum und Zeit unterliegt. Es handelt sich sozusagen um eine andere Dimension mit anderen Gesetzmäßigkeiten."[7]

Die Anderen hatten alle schon früher Erfahrung mit dieser Art der Medizin gemacht, nur ich nicht. Deshalb hatte ich zugestimmt, lediglich eine leichte Variante zu mir zu nehmen und dies auch erstmal nur zur Hälfte. Irgendwie hatte ich da großen Respekt; vielleicht auch etwas Angst davor, was passieren würde. Je nach Wirkung würde ich evtl. noch mal nachlegen oder auch nicht. Einerseits war es mir damit ein bisschen mulmig, andererseits aber auch neugierig. Die Alternative wäre gewesen, mich komplett für diesen Tag auszuklinken. Die anderen hätten

---

[6] https://de.wikipedia.org/wiki/Akasha-Chronik
[7]   https://www.schamanismus-in-owl.de/was-ist-schamanismus/

das schon akzeptiert. Allerdings wäre es sehr schade, wenn wir dieses Erlebnis nicht alle gemeinsam hätten. Zumal wir doch am Tag zuvor so zusammengeschweißt worden waren. Also machten wir uns auf den Weg. Die Sonne strahlte vom Himmel herab. Es schien ein herrlicher Tag zu werden. Mit dem Auto fuhren wir die kurvenreiche Straße hinunter fast bis zur Küste. Von dort ging es dann zu Fuß weiter. Wir hatten allerlei mitzuschleppen: Decken, Trommeln, Räucherwerk, etwas Obst und vor allem Wasser. Im Gänsemarsch ging es den schmalen steinigen Pfad bergab, immer weiter Richtung Strand.

Endlich unten angekommen erblickten wir eine idyllische Bucht, eingerahmt von hohen Felsen. Wie fast überall auf La Gomera wieder nur Kieselstrand und große Felsen im Wasser. Die Brandung war recht ordentlich, also schwimmen definitiv zu gefährlich. Außer uns war niemand da. Kein Wunder bei dem Abstieg, aber es hatte sich gelohnt.

Nachdem wir uns ein Wenig umgeschaut hatten, richteten wir uns ein „Nest" ein. Dafür fanden wir einen Busch, der geradezu ideal war. Cemal forderte uns auf, dass sich jeder nochmal sein Thema für heute ins Gedächtnis rufen sollte.

Für mich hatte sich in den letzten Tagen herausgestellt, dass ich gerne einen noch besseren Zugang zu meiner Seele hätte; erfahren möchte, wer ich wirklich bin, was mein Wesenskern ist. Dazu mein Haupt-Thema:

Was fange ich mit dem Rest meines Lebens an? Was sollte/könnte/müsste ich tun, um ein zufriedeneres, erfüllteres und glücklicheres Leben zu führen? Für mein Dafürhalten war mein Leben bislang - bis auf den Winter - soweit OK, aber irgendwie, irgendwas fehlte........

Nachdem das jeder für sich nochmal formuliert hatte, nahmen wir die Medizin ein und warteten auf dessen Wirkung...

Bei den anderen ging das recht schnell. Sie fingen an zu gackern und wurden recht lustig. Nur bei mir tat sich nix. Ich war ziemlich enttäuscht. War ich denn jetzt die Einzige, die hier noch klaren Verstandes war? Doris erhob sich dann, um erst mal ein Bad im Sand zu nehmen. Tom zog es ans Wasser, welches er sich über und über den Kopf goss. Ella fing an zu tanzen und zu lachen und Cemal wanderte hin und her.

Nur ich saß allein im Nest und beobachtete das Treiben. Erst nach einer Stunde wurde mein Kopf allmählich dumpf. Es fühlte sich an wie Watte im Gehirn. „Och nee, was ist denn das für ein Scheiß", so hatte ich mir das nicht vorgestellt. Keine Euphorie, keine Visionen o.ä. Außerdem streikte mein Körper komplett. Während die anderen lustig am Strand hin und her liefen konnte ich mich nicht rühren.

Erinnerungen von meiner Indienreise tauchten auf: Ich hatte ein paar Tage auf einem Hausboot auf dem Dahl-Lake verbracht. Meine Gastgeber waren Einheimische, die aber sehr gut Englisch sprachen. Der Jüngste der Familie war mit einer Amerikanerin verheiratet, die ebenfalls vor Ort lebte. Aus reiner Neugierde und Abenteuerlust hatte ich gefragt, ob es möglich wäre mir was „Leichtes zum Rauchen" zu besorgen. Mohammed kam tatsächlich am nächsten Tag mit irgend so einem Zeug rüber. Das wurde dann mit herkömmlichem Tabak gemischt. So saßen wir Jugendliche abends in gemütlicher Runde und wollten es uns gut gehen lassen. Ich habe nur 2x an der Zigarette gezogen und die Reaktion folgte prompt:

Mein Körper war binnen Sekunden wie taub; der Verstand dafür glasklar. Ich konnte mich überhaupt nicht mehr bewegen. Panik überkam mich. Die anderen hatten das mitbekommen und Gott sei Dank nicht ausgenutzt;

ganz im Gegenteil. Sie haben die Runde sofort aufgelöst (oder woanders ohne mich weiter geraucht). Mohammed hat mich gentlemanlike ins Bett gehievt, zugedeckt und beruhigt mit den Worten: „Keine Sorge, das ist bald vorbei." Er hatte wohl die Panik in meinen Augen bemerkt. Mir ging es absolut nicht gut! Ich kam mir so hilflos und ungeschützt vor! Die Nacht und dieser Zustand schien eine halbe Ewigkeit zu dauern; an Schlaf war nicht zu denken.

Damals hatte ich mir geschworen, so etwas nie wieder in meinem Leben anzurühren...bis zum heutigen Tag. Allerdings handelte es sich jetzt um eine schulmedizinische Substanz, wie sie in vielen Praxen eingesetzt wird. Dennoch war meine Reaktion ähnlich wie damals; nur mit dem Unterschied, dass sich nur ganz allmählich mein Verstand vernebelte. Zusätzlich breitete sich ein Grinsen in meinem Gesicht aus, welches ich nicht kontrollieren konnte.

Hin und wieder kam mal der eine oder andere ins Nest um sich auszuruhen. Insgesamt waren sie aber alle gut drauf, kicherten vor sich hin und quasselten allerlei wirres Zeug. Bei Ihnen schien sich die Wahrnehmung deutlich verändert zu haben. Sie sahen Dinge viel größer, bunter und verzerrter als ich. Sie hatten irre Theorien, was das alles sein könnte. Besonders an der Felswand gegenüber unseres Nestes waren Steinformationen wie Köpfe zu erkennen. Diese allerdings auch mit klarem Verstand, nur dann nicht so verzerrt.

Da waren sie also, die Hinweise für die Nachwelt, von denen ich in der schamanischen Reise am ersten Tag erfahren hatte.

Ich dagegen wurde wieder klarer im Kopf - bis zur nächsten „Welle", als es wieder dumpf wurde wie Watte.

Zumindest aber meine Beine konnte ich jetzt bewegen. Also stand ich auf und suchte mir einen Platz etwas abseits der anderen. Ich nahm auf einem Felsen Platz, schaute aufs Meer und ließ meinen Gedanken freien Lauf. Im Hintergrund hörte ich wie jemand anfing zu trommeln. Beim schamanischen Reisen ist es dieser Trommelrhythmus, der die Wellenlänge im Gehirn verändert. Dadurch wird man in den Alpha Modus versetzt. Ein tranceartiger Zustand zwischen Hypnose und Wachsein. So kann man in andere Ebenen des Seins gelangen - ganz ohne Medizin.

„Der Alpha-Bereich ist die **Brücke zwischen äußerer Welt** (Beta-Wellen) **und innerer Welt** (Theta-Wellen). Befindest du dich im Alpha-Zustand, so öffnest du dich der inneren Welt bist aber gleichzeitig noch aufnahmefähig für äußere Reize."[8]

Erinnerungen kamen hoch, was mir mal ein Medium gesagt hatte: „Iris, you are an old soul, you came a long way and worked hard on yourself." Dann tauchten andere Gedanken auf: Du hast schon so viel gemacht und erlebt über die Jahrhunderte bzw. Jahrtausende hinweg. Was willst Du denn noch? Diese Welt wird untergehen und Du kannst nichts dagegen tun. Also mach, was Dir gefällt, entspann Dich und genieße dieses Leben.

---

[8]   https://secret-wiki.de/wiki/Gehirnwellen#Alpha_Wellen 6

Allmählich wurde es dämmrig und wir entzündeten ein Feuer. Gott sei Dank hatten wir das Holz dafür schon vorher gesammelt, als wir alle noch klaren Verstandes waren. Ich hatte mich als Hüterin des Feuers bereit erklärt, zumal ich ja nicht ganz so weit „weggetreten" war wie die anderen. Inzwischen hatte ich die 2.Hälfte der sanften Medizin intus. Mir wurde wieder dumpf im Kopf, die Beine versagten wieder ihren Dienst und dieses breite Grinsen konnte ich auch nicht verhindern. Ich kam mir ziemlich doof vor und war froh, eine Aufgabe mit dem Feuer zu haben. Inzwischen war es stockfinster. Alle saßen oder lagen ums Feuer herum, kichernd, lächelnd oder vor sich hin summend. Ella schien sichtlich fröhlich und auch irgendwie verzweifelt zugleich. Da überkam mich der Impuls sie in den Arm zu nehmen. Auf Nachfrage war sie einverstanden und so saßen wir eine ganze Weile eng umschlungen und schweigend. Dabei wiegten wir unsere Körper leicht hin und her. Es fühlte sich so innig, nah und selbstverständlich an; den jeweils anderen verstehend.

Das war für mich eine völlig neue Erfahrung, zumal ich Ella ja nicht wirklich gut kannte. „Du bist ein ganz besonderer Mensch" kam mir über die Lippen. Tja, bei vollem Bewusstsein hätte ich mich so etwas nie getraut. Also die Medizin löste Barrieren. Auch Tom, den ich am Allerwenigsten kannte, bekam eine Umarmung mit den Worten: „Schön, dass Du dabei bist. Du bist ein wichtiger Teil dieser Gruppe." Auch da wunderte ich mich, zumal ich ihn bislang irgendwie außenvor gesehen hatte.

Das Holz ging zur Neige und wir schlossen den Abend mit einem Lied. Dann das Nachtlager aufschlagen. Die Luftfeuchtigkeit hatte inzwischen sehr zugenommen und die Temperatur war deutlich gesunken. Wir fanden einen geschützten Platz, breiteten Decken aus, eine untendrunter und eine für obendrüber. Dann legten wir uns hin - dicht an dicht gedrängt, um uns gegenseitig zu wärmen. So war es kuschelig warm und ich glitt schnell in den Schlaf hinein. Allerdings nicht für lange - die Blase drückte - also raus schlüpfen und wieder hineinschlüpfen. Das Ganze wiederholte sich 3x und außerdem hatte ich inzwischen enorme Rückenschmerzen. War halt ein harter Untergrund. Wir hatte zwar eine sandige Stelle gefunden, aber trotzdem, so nach ein paar Stunden.... Also lief ich etwas hin und her und legte mich dann separat an eine andere Stelle. Dort konnte ich den Untergrund etwas meinem Körper entsprechend anpassen.

Am nächsten Morgen waren wir alle wie gerädert, jeder Muskel tat weh; aber wenigstens trocken, anstatt von Luftfeuchtigkeit durchdrungen zu sein. Also schnell alles zusammenpacken und den Rückweg antreten. Das hieß ein steiler mühsamer Weg bergauf. Unsere Beine wollten uns kaum mehr tragen, wir schleppten und kraxelten so vor uns hin. Nur der Gedanke an Kaffee und Frühstück hielt uns am Laufen. Die Sonne strahlte schon ziemlich heiß vom Himmel herab. So fertig war ich schon lange nicht mehr. Glücklicherweise hatte ich noch etwas Wasser übrig. Dieses teilte ich mit den anderen.

Endlich am Auto angekommen und völlig erschöpft, waren wir uns einig: Jetzt zum Frühstücken in ein Cafe anstatt zu Hause selbst was zubereiten. Das hätte allerdings eine Fahrt von ca. 1 Stunde bedeutet...also doch lieber nach Hause - was 20 Min. dauerte - und selbst machen. Danach nur noch ins Bett.

So als Fazit für diesen Tag, ob ich rausgefunden hatte, was mein eigentlicher Wesenskern ist, würde ich sagen: Gerne etwas für die Gemeinschaft tun und anderen ein gutes Gefühl geben.

Wenn wir auf die Welt kommen, dann leben wir unser inneres Wesen automatisch. Wir lachen, tanzen, freuen uns und sind anderen Menschen gegenüber aufgeschlossen. Wir machen uns keinen Kopf darum, ob das so in Ordnung ist oder nicht. Erst im Laufe des Lebens wird dieser innere Wesenskern allmählich unter mehreren Schichten verborgen. Schichten aus Erziehung, Erfahrungen, Zweifel und Ängste.

Hierzu eine kurze Geschichte:

In Thailand sollte 1957 eine große Buddha Statue aus Lehm in ein anderes Kloster gebracht werden. Als der Kran diese Statue anhob, entstanden große Risse in dem Lehm. Aus Angst er würde zerstört werden, setzte man wieder ab. Die Mönche inspizierten den Schaden und stellten fest, dass unter dem Lehm etwas glitzerte. So entfernten sie den ganzen Lehm und es erstrahlte eine Statue komplett aus Gold. Es wird vermutet, dass dieses Kloster vor vielen hundert Jahren angegriffen worden war. Die Mönche wollte den Buddha verstecken. So hüllten sie ihn komplett in Lehm ein, um ihn wertlos und unscheinbar aussehen zu lassen. Da wahrscheinlich keiner der Mönche überlebt hatte, ging dieses Geheimnis verloren.

*Geht es nicht darum, unser „inneres Gold"
wieder von den Schichten zu befreien, damit wir
wieder in vollem Glanz in die Welt strahlen können?*

Besprechung der Erlebnisse des Vortages

Morgens im Seminarraum haben wir dann unsere Erkenntnisse des Vortags geteilt. Jeder hatte seine Story erlebt und erzählte nun die Quintessenz dessen. Es waren nicht nur einfach irgendwelche Traumgeschichten, sondern sehr persönliche Erlebnisse. Von Cemal gab es dazu jeweils einen Integrationsspruch. Den sollte der/diejenige dann wiederholen. Dadurch würde das Erlebte noch besser im Körper manifestiert. Dies löste bei jedem Einzelnen starke Emotionen aus. Für Tom ging es um schwierige Familienangelegenheiten. In dem tranceartigen Zustand hatte er erkannt, woran es lag. Er hatte auf energetischer Ebene alles Negative geklärt und fühlte sich nun sehr erleichtert. Doris wollte ihr Selbstbild klären. Jetzt konnte sie sich selbst annehmen so wie sie ist. Bei Ella ging es um den Zyklus des Lebens. Sie hatte gute Erkenntnisse gewonnen, was sie sehr glücklich gemacht hat. Für Cemal gings darum, alte Verletzungen zu klären. Die Schwierigkeiten von früher hatte er alle nochmal durchlebt und vergeben. So konnte er die Vergangenheit nun loslassen. Ich hatte die Erlaubnis bekommen das Leben zu genießen und nicht mehr kämpfen zu müssen. So lautete mein Integrationsspruch: „Es ist 2018 und ich habe überlebt. Von nun an kümmere ich mich ums Leben. Ich werde geliebt, ich bin schön und Teil dieser Gemeinschaft." Das hat mich in dem Augenblick ebenfalls sehr bewegt. Ich hätte am liebsten Rotz und Wasser geheult.

Den Rest des Tages verbrachten wir mit Einkaufen, am Strand kurz ins Wasser springen und abends lecker essen gehen. Danach waren wir alle platt.

Körperarbeit und Baumgeflüster

Am Vormittag war Körperarbeit angesagt. Das sollte so aussehen: Jeder legte sich mal in die Mitte, um sich von den anderen verwöhnen zu lassen; sofern er/sie das wollte. Mit verwöhnen war sanfte Massage, Energie geben oder einfach nur halten gemeint. Mir stand so überhaupt gar nicht der Sinn danach. Am liebsten wäre ich für mich allein gewesen. Irgendetwas war komisch heute. Ich riss mich aber zusammen und konzentrierte mich. Allerdings mich selbst verwöhnen und überall berühren lassen, no way! Als Ella in der Mitte lag und ich ihre Füße massierte, überwältigte mich eine derartige Welle von Schmerz. Nicht so wie Kopf- oder Muskelschmerzen. Auch keine Bauchkrämpfe. Es war mehr ein seelischer Schmerz, tief im Innern. Es fühlte sich an, als wenn ich zerrissen werden würde. Ich musste mich ausklinken. Etwas derartig Intensives dieser Art hatte ich bislang noch nie empfunden. Ich setzte mich etwas abseits und versuchte, die Tränen zu unterdrücken. Allmählich wurde es etwas besser und mir war klar: Das hatte gar nichts mit mir zu tun, sondern es war größtenteils Ella's Energiefeld/Aura, was ich da spürte.

Am Nachmittag entschieden wir uns für einen Spaziergang in den „verwunschenen" Lorbeerwäldern - aber bitte nicht wieder so viel rauf und runter und keine Hektik. Wir studierten die Karte und wählten einen entsprechenden Track aus. Es war in der Tat ein breit angelegter Wanderweg. Gut ausgeschildert und mit nur sanfter Steigung bzw.

Gefälle. Wir genossen das sonnige Wetter und spazierten langsamen Schrittes voran. Plauderten ein wenig miteinander oder auch mal schweigend. Einfach das besondere Flair in diesen Wäldern genießend. Nach gut einer Stunde legten wir eine Pause ein. Cemal schlug eine kleine Übung vor: Sich bewusst mit einem Baum beschäftigen. Ein Baum, der uns besonders ins Auge fällt, was für jeden natürlich ein anderer war. Oh ja, prima, „Baumgeflüster" liebe ich von ganzem Herzen, da habe ich schon einige Übung drin.

Im schamanischen Weltbild ist alles beseelt und miteinander verbunden. Es geht lediglich darum eine Form der Kommunikation zu finden.

Das funktioniert bei mir folgendermaßen:

Als Erstes schaue ich mich um, welcher Baum mir am meisten gefällt, bzw. mich irgendwie intuitiv anzieht. Dann gehe ich langsam drauf zu und betrachte ihn schon mal von oben bis unten. Wie ist er gewachsen? Hat er irgendwelche Besonderheiten, z.B. abgebrochene Äste, krumm gewachsener Stamm, wie sieht die Rinde aus? Manchmal kann ich da schon Gesichter erkennen. Das ist dann ein Ausdruck des Baumgeistes, auch Deva genannt.

Als Nächstes setze ich mich zu seinen Füßen und lehne mich mit dem Rücken an den Stamm. Dann Augen schließen und entspannen. Einfach abwarten, welche Gedanken und Gefühle auftauchen. Manchmal verstärke ich das noch, indem ich meine Aura erweitere. Dazu stelle ich mir eine Kerzenflamme in Höhe meines Herzens vor. Mit jedem Einatmen wird die Flamme heller und mit jedem Ausatmen immer größer. Das mache ich so lange, bis ich das Gefühl habe in einer goldenen Kugel zu sitzen. Wenn es sich in dem Moment richtig anfühlt, dann lass ich diese Kugel in meiner Vorstellung noch größer werden. Solange, bis der Baum und ich von einem großen Energiefeld umgeben sind. Dann wieder entspannen, abwarten und nur auf die eigene Atmung achten. So hat der Verstand etwas zu tun und geht nicht anderweitig spazieren. (Z. B. was gibt's nachher zu essen, müssen wir noch einkaufen, ach ich würde ja gerne auch noch eine Runde schwimmen gehen, etc.)

Die Länge des „Gesprächs bzw. Gedankenaustausches" kann sehr unterschiedlich sein. Mit ein bisschen Übung kriegt man ein Gespür dafür, wann nichts mehr kommt.

Dann lasse ich in meiner Vorstellung das Energiefeld wieder kleiner werden, bis es nur noch mich umhüllt. Zum Schluss bedanke ich mich bei dem Baum mit einem Lied oder Gedicht. Manchmal sind es auch einfach ein paar Streicheleinheiten oder eine Umarmung. Gelegentlich auch Tabak oder eine Münze.

Nach diesem kurzen Exkurs zum Thema Baumgeflüster zurück zu meiner Geschichte.

„Mein" Baum erzählte mir, wie lustig, abwechslungsreich und angenehm er es empfindet, wenn die Menschen wie kleine Tierchen zu seinen Füßen rumkrabbeln. Allerdings so welche wie wir, die mit ihnen (den Bäumen) in Kontakt treten und lauschen, hätten sie selten hier. Ich formulierte in Gedanken eine Bitte: Ich würde so gerne etwas Holz von diesen Lorbeerbäumen mit nach Hause nehmen; sei es als gedrehter Stock oder ein Stück mit diesem roten Kernholz.

Daraufhin kriegte ich ein inneres Bild und ein Gefühl an welcher Stelle ich auf unserem weiteren Spaziergang suchen sollte. Und tatsächlich - so unwahrscheinlich das jetzt auch klingen mag – fand ich eine dünne Holzscheibe im Gebüsch. An genau der beschriebenen Stelle! Sie war die Einzige dort. Es lagen keine anderen Stücke und auch keine Sägespäne drumherum. Kein gefällter Baum in der Nähe, nur diese eine Scheibe. Als hätte sie da jemand extra für mich hingelegt!

Ich habe mich gefreut wie ein Kleinkind, das einen Schatz gefunden hat. Wie herrlich, dass die Kommunikation mit den Bäumen hier auf La Gomera genauso gut funktioniert wie zu Hause. Danke, Danke, Danke.

Die sensitive Wahrnehmung schien sich noch zu vertiefen, was mit Sicherheit an dieser einzigartigen Energie hier auf La Gomera zu tun hatte. Das wurde mir auf den letzten paar Metern unseres Spaziergangs erneut deutlich: Ich ging schweigend neben Ella. Innerlich freute ich mich immer noch wie eine Schneekönigin über meinen Schatz. Plötzlich schnürte es mir förmlich die Kehle zu und ich hätte heulen können. Völlig unpassend, weil ich doch gerade überquoll vor Glück. Da war es wieder: Was ich gerade fühlte, war gar nicht Meins, sondern Ellas Gemütszustand. Ich vergrößerte den Abstand zwischen uns und diese Emotionen waren wie weggeblasen. Puh! Irgendeine Verbindung schien es zwischen uns zu geben. Das war jetzt schon das 2. Mal, dass ich das bei ihr spürte. Bei den anderen merkte ich nix, egal welche inneren Emotionen sie gerade mit sich herumtrugen.

Nach Beendigung des Rundgangs zog es uns ans Wasser. Diesmal zum Playa del Ingles. Ein Sandstrand mit ein paar kärglich bewachsenen Dünen, fast wie in Deutschland. Der Wellengang war ordentlich, sodass wir uns nicht in die Fluten stürzten. Dafür lieber nur ein bisschen abhängen und den Sonnenuntergang genießen.

Danach nur nach Hause, Essen kochen und ins Bett.

Ein fast ganz normaler Tag

Der letzte gemeinsame Tag in dieser Runde. Doris würde morgen abreisen. Sie war die Einzige, die nicht eine Woche drangehängt hatte. Zum Teil aus beruflichen Gründen und ich denke auch aus Sehnsucht nach ihrer Familie. Wie wichtig ihr Mann und Tochter waren, konnte ich in den letzten Tagen beobachten. Ständig hatte sie das Handy am Ohr oder tippte irgendwelche Nachrichten nach zu Hause. Ich wunderte mich ein wenig, weil sie dadurch nicht vollständig im Hier und Jetzt zu sein schien. Davon ab hat es mich auch ein wenig genervt. Das Programm für heute: Bauernmarkt in San Sebastian - nur ein bisschen durch die Stadt bummeln, Andenken einkaufen, vielleicht eine besondere Spezialität erstehen. San Sebastian ist die Hauptstadt von La Gomera und „normal typisch" für Städte auf den Kanaren. Vom gomerischen Flair war hier nichts zu spüren. Auch der Bauernmarkt entpuppte sich als ganz gewöhnlich. Von den Anpreisungen im Reiseführer - Spezialitäten der Insel - war nichts zu entdecken. So schlenderten wir noch ein Wenig durch die Gassen und ließen uns einfach treiben. Auf dem Rückweg nahmen wir zur Abwechslung mal eine andere Route. Wir waren neugierig auf die Nordseite der Insel. Tom saß diesmal am Steuer und das war auch gut so. Die Straße war deutlich kurvenreicher und er erwies sich als sehr souveräner Fahrer. Als wir zu dem Städtchen Hermigua kamen schnürte es mir mal wieder die Kehle zu. Ein Gefühl von „nach Hause kommen" machte sich in meinem Inneren breit. Zuhause im Sinne von „Hier war ich schon mal, habe glückliche Zeiten erlebt, mich rundum wohl gefühlt, angenommen wie ich bin, einfach zufrieden mit mir und dem Leben". Ich konnte kaum die Tränen zurückhalten. Auffällig war, dass es hier deutlich grüner war als an der Südküste. Bananenplantagen beherrschten das Bild. Hier und da waren auch ein paar Weinstöcke zu sehen, die sich an die Felsen schmiegten. Durch das Städtchen floss ein schmaler Bach. Er wurde oberhalb von einem kleinen Staubecken gespeist. Insgesamt ein eher beschauliches Örtchen. Wir hielten an einem Blumenladen und kauften ein Geschenk für unsere Gastgeber Claire und Reinhard. Das gab mir Zeit etwas intensiver in diesen Ort hinein zu spüren. Sofort kam mir der Gedanke hier den nächsten Winter zu verbringen. Ist das mein „Place to be" fragte ich mich. Dann fuhren wir weiter über Vallehermoso. Das erinnerte mich sofort an Icod de los Vinos auf Teneriffa. Dort hatte ich vor Jahren mal über den Winter gewooft. Also für Kost und Logis gearbeitet. Bei Walheide Rachinger im Hundetierschutz. Für mich gerade mal recht uninteressant. Abends gab es dann eine Abschlussrunde im Seminarraum. Jede/r erzählte seine Quintessenz der Woche:

Für Tom war es wichtig gewesen die Familienbande zu klären und das hatte er erreicht. Damit war er höchst zufrieden.

Ella wollte den Zyklus des Lebens ergründen, „den Himmel auf die Erde bringen". Sie meditiert zuhause täglich und hatte das auch hier auf der Insel fortgesetzt. Durch diese besondere Energie war ihr endlich der Durchbruch gelungen.

Den Himmel auf die Erde bringen, was heißt das eigentlich?

Der Rabbi Schneerson aus New York beschreibt es so:

„Durch Meditation richtet sich unser Blick auf die eigentlich wesentlichen Dinge. Wir verstehen, wie sich das, was wir als sinnvoll und richtig erkannt haben, im Leben verwirklichen lässt. Jenseits von Ritus und Lehre gelangen wir zu einer im Alltag gelebten Spiritualität.

So wird die Verbindung zwischen mystischer Erkenntnis und ganz alltäglichen Problemlösungen völlig selbstverständlich werden."

„Rabbi Schneersons Weisheit erwächst aus einer jahrtausendealten Tradition mit starken, tiefen Wurzeln. Sie erweckt die inneren Erfahrungen der großen jüdischen Mystiker zu neuem Leben. Die Geschichten und Aphorismen des Rabbis sind geistreich und treffend zugleich, seine Meditationen für alle praktizierbar, seine Unterweisungen jederzeit eine Inspiration."[9]

---

[9] https://de.chabad.org/library/article_cdo/aid/529708/jewish/Den-Himmel-auf-die-Erde-bringen.htm

Cemal's Thema war Verletzungen aus der Vergangenheit aufzulösen. Er war mit dem Ergebnis vom „Medizintag" sehr zufrieden. Jetzt konnte er gelassener in die Zukunft blicken.

Doris' Thema war die Selbstakzeptanz. Sie wollte das nun für die Zukunft mehr in ihr Leben integrieren.

Ich hatte die Erlaubnis bekommen, einfach zu leben und zu sein, statt immer nur zu kämpfen. Besonders das Gefühl hier auf La Gomera „nach Hause gekommen zu sein" erfüllte mich mit Freude.

Sehr schön war die anschließende „Thronübung":

Wir fingen mit Tom an. Jeder sollte etwas nennen, was Tom ihm in dieser Woche Gutes getan hätte. Nachdem jeder etwas gesagt hatte, verneigten wir uns vor ihm und bedankten uns für seine guten Taten.

So ging das reihum. Ich kann nur sagen, es war für mich ein unbeschreibliches Gefühl. Es hat mich bis ins Innerste berührt.

Anschließend waren wir dann bei Claire und Reinhard zum Essen eingeladen. Sie wohnten in einem Haus direkt neben dem Seminarraum. Drinnen war es sehr schön eingerichtet. Geputzte Wände mit Bildern und typische gomerische Keramik auf den Regalen. Bodentiefe Fenster, sodass man bis zum Meer hinunterschauen konnte. Claire ist Irin und Reinhard Deutscher. Sie leben seit 17 Jahren auf der Insel. So unterhielten wir uns in einem Mischmasch aus Englisch und Deutsch. Sie erzählten von ihren

Plänen, den Seminarbetrieb noch mehr auszubauen. Den Schwierigkeiten mit den Behörden, wenn es darum geht Land zu kaufen. Trotzdem konnten sie sich keinen anderen Platz vorstellen, wo sie lieber wären.

Um 23.00 fielen uns allen fast die Augen zu, ab ins Bett. Morgen früh um 4.30 aufstehen und Doris zur Fähre bringen. Diese legte um 6.30 ab und war die einzige an dem Tag. Also sehr wichtig, dass wir pünktlich am Hafen sein müssten. Nur so würde Doris rechtzeitig ihren Flieger von Teneriffa nach Deutschland kriegen. Wird schon klappen.

Der ungeborene Zwilling

Morgens hat alles gut geklappt. Doris hat die Fähre erreicht und ist gut nach Hause gekommen. Das erfuhren wir per WhatsApp im Laufe des Tages. Tom und Cemal machten sich auf den Weg zu ihrer neuen Unterkunft. Sie hatten sich ein kleines Häuschen unterhalb des Tafelberges gemietet. Ella und ich mieteten uns ein anderes Auto und fuhren ins Valle Grand Rey. Dort hatten wir uns eine Unterkunft gebucht. So trennten sich jetzt unsere Wege. Die kommende Woche spielte sich nur zwischen Ella und mir ab. Mir war schon ein bisschen mulmig wie es wohl werden würde. So in der kleinen Gruppe hatte ich mich recht wohlgefühlt; da verteilte sich das Geschehen auf mehrere Leute. Jetzt aber nur zu zweit, das war ich ja seit Jahren nicht mehr gewohnt. Mit etwas Bangen und einigem Hin und Her haben wir dann unsere Unterkunft im Valle Grand Rey gefunden: Ein total schnuckeliges kleines Häuschen. Es lag am Hang in zweiter Reihe und war deutlich heller als das Haus in Tazo; dazu sauber und ordentlich. Von der Terrasse aus hatten wir einen herrlichen Blick bis hinunter zum Meer. Monika, eine Deutsche, verwaltete es für die Besitzer. Diese lebten auf Teneriffa und nutzten es nur selten für sich. Nachdem wir uns eingerichtet hatten, zog es uns hinunter an den Strand; außerdem mussten wir noch Lebensmittel einkaufen. Am späten Nachmittag kehrten wir zurück und ließen den Tag gemütlich ausklingen. Bei einer Tasse Kaffee machten wir es uns auf der Terrasse gemütlich. Als ich zur Ruhe kam spürte ich die Energie der Felsen besonders stark. Das Tal war ja sehr eng und so bekamen wir von zwei Seiten „Input". Ich ließ mich darin hinein sinken und merkte, wie der Druck in meinem Kopf anstieg. Mir wurde ganz schwindelig davon. Bei Ella setzte das erst am nächsten Tag ein. Ich fragte mich, wie das wohl den Menschen gehen mag, die hier dauerhaft leben. Ob die sich im Laufe der Zeit daran gewöhnt hätten und es als normal empfinden? Vielleicht frage ich Monika mal danach. Ihre Augen leuchteten zwar sehr kraftvoll - so wie die von Claire und Reinhard - aber ihr Körper sprach eine andere Sprache. Auf mich machte sie einen fast ausgemergelten Eindruck. Selbstständig sein ist auch auf La Gomera kein Zuckerschlecken. Wir unterhielten uns den ganzen Abend. Irgendwann kam ich dann auf die Aurafotografie zu sprechen. Ich hatte bereits zweimal eine von mir machen lassen; im Abstand von 2 Jahren, weil ich wissen wollte, ob sich was verändert hätte. Jedes mal war ein Schatten über meinem Kopf zu sehen. Dazu muss ich erklären, dass Ella die Aura anderer Menschen sehen kann. Also fragte ich sie, ob sie das auch sähe. So war es denn auch und sie konnte mir genau beschreiben, an welcher Stelle am Kopf sich dieser Schatten zeigte, ohne dass ich ihr die Stelle vorher geschildert hatte. Da sich das mit den Fotografien deckte, glaubte ich ihr. Seinerzeit hatte mich der Fotograf gefragt, ob ich ein unerwünschtes Kind gewesen wäre. Da meine Eltern seit Jahren nicht mehr lebten, konnte ich sie nicht mehr fragen. Ich hatte allerdings nie das Gefühl gehabt, dass sie mich nicht gemocht hätten. Auf Fotos machte das eher einen positiven Eindruck. Allerdings so richtig von Herzen geliebt; das würde ich jetzt nicht unterschreiben. Ella als HP Psych. mit 25 Jahren Berufserfahrung, hatte da eine ganz andere Erklärung: Es könnte sein, dass ich einen Zwilling gehabt hätte. Der wäre allerdings nie geboren worden, weil zu früh abgegangen. Meine Mutter hätte es sogar nicht mal bemerken müssen. Dieser Zwilling und ich hätten aber eine gewisse Zeit im Mutterleib zusammen verbracht. Dessen Seele hätte nun einen Abdruck hinterlassen. Wahrscheinlich hätten wir Kopf an Kopf gelegen.

Ihre Worte erzeugten eine derartige Resonanz in meinem Inneren, dass mir die Tränen flossen. Es fühlte sich so stimmig an!

Das würde auch erklären, warum ich immer das Gefühl hatte, es schlügen zwei Herzen in meiner Brust. Wenn ich meditiere mit Fokus auf meinen Seelenraum, kriege ich immer zwei Elemente: Feuer und Wasser. Dann war ich letztes Jahr auf einer Messe, wo man Charakter bzw. Seelenbilder malen konnte. Dazu sollte man sich zuerst eine Schablone aussuchen, die einem entspricht. Danach sollte man Farben wählen und die Figur damit ausfüllen. Alle anderen Teilnehmer konnten sich problemlos für eine entscheiden. Nur ich brauchte zwei - eine allein würde mich nicht darstellen können - dann wäre ich nicht komplett. So entschied ich mich für eine meditierende und eine tanzende Figur. Die eine wurde ganz in grün und die andere bunt ausgemalt. Erst dann war ich zufrieden.

Es war ein richtiger Aha-Moment: Einen Zwilling (zweieiig) gehabt zu haben, mit dem ich trotzdem in meinem Leben eine seelische Verbindung habe, fühlte sich so stimmig an. Es hat ein überwältigendes Glücksgefühl in mir ausgelöst.

Im Bett habe ich noch darüber nachgesonnen. Mir kam der Name „Ulrike" in den Sinn. Komisch, so wollten mich meine Eltern ursprünglich nennen. Ich habe sie im Geiste umarmt mit den Worten: „Wie schön, Dich endlich gefunden zu haben, dass Du da bist. Jetzt bin ich nicht mehr allein." Lt. Ella wäre es wohl ein Mädchen gewesen, was sie mir allerdings erst am nächsten Morgen erzählte.

Selbst jetzt, nach Monaten, als ich diese Zeilen schreibe, bin ich noch ganz ergriffen!

Für dieses Phänomen gibt es sogar einen Fachbegriff: VTS = **V**anished **T**win **S**yndrom.

„Es kommt sogar häufiger vor als man annehmen möchte. Der überlebende Zwilling hat dann oft das Gefühl alleine zu sein, selbst in Gesellschaft oder auch in der Partnerschaft. Irgendwas fehlt immer. In extremen Fällen kann es zu Antriebslosigkeit, Depressionen bis hin zu Suizidgedanken führen. Auch Essstörungen kommen häufig vor."[10] [11]

---

[10] http://meinonlinetherapeut.de/psychische-gesundheit/vts/

[11] https://alleingeborener-zwilling.com/

Oft ist das sogar gepaart mit HSP = **H**igh **S**ensitive Person

Hochsensible Menschen sind wesentlich feinfühliger als die meisten anderen

„Hochsensible unterscheiden sich von Geburt an von der Mehrheit der Menschen durch Ihre ausgeprägte Feinfühligkeit und Ihre erhöhte Empfänglichkeit für äußere und innere Reize – Geräusche, optische Eindrücke, Gerüche, Geschmacksempfindungen, Einwirkungen auf die Haut und den Körper, Stimmungslagen anderer, eigene Emotionen und Vorstellungen ..."[12]

Das kann ich jetzt rückblickend auf mein bisheriges Leben bestätigen. Alle o.g. Symptome habe ich durchlaufen bzw. sind noch vorhanden.

---

[12] https://coaching-fuer-hochsensible.de/hochsensibilitaet-verstehen/

Innere Spannung

Das Zusammensein mit Ella entwickelte sich prima. Besonders nach dem Gespräch von gestern Abend. Wir hatten ähnliche Gewohnheiten was den Tagesrhythmus anging. Ebenso passten die Vorlieben fürs Essen und natürlich gegenseitige Rücksichtnahme. Ella hatte diesbezüglich viel Erfahrung auf dem Gebiet der energetischen Arbeit. So tat sie sicherlich Einiges für unser gutes Miteinander, von dem ich nicht viel mitbekommen habe. Soweit ich mich selbst beurteilen kann, halte ich mich für recht unkompliziert und kann mich auch auf viele Situationen einstellen. Nicht zuletzt aufgrund meines bisherigen Lebens, welches ziemlich zick-zack verlaufen ist. Da hatte ich vor so mancher Herausforderung gestanden. Die kommende Woche war als „nur Urlaub" geplant. Keine Arbeit zu erledigen, sondern einfach mal ausruhen, abschalten und entspannen. So fuhren wir morgens wieder hinunter, diesmal zum Familienstrand. Herrlich feiner schwarzer Sand mit einigen hellen Farbstreifen dazwischen. Keine Brandung, sondern nur sanfte Wellen. Außer uns waren nur ein paar Pärchen und eine Familie mit zwei Kindern da. Wir stürzten uns abwechselnd ins Wasser und ließen uns von den Wellen sanft wiegen. Einfach nur schön. Neben dem Strand war eine kleine Plaza. Dort beobachtete ich ein paar Männer, die auf mich den Eindruck „ehemalige Aussteiger" machten. Es waren eindeutig Deutsche. Der eine saß dort und klimperte auf seiner Gitarre. Ein anderer hörte zu und genoss sein Bier. So passierte das jeden Tag, wie ich später feststellen musste. So richtig glücklich sahen sie allerdings nicht aus - eher gelangweilt und nix zu tun außer rumhängen und Bier trinken.... Einmal bekamen sie Besuch von jemandem in ziemlich abgerissenen Klamotten, sehr hager und mit einer Angelrute im Gepäck. Heute bereue ich es, sie nicht angesprochen zu haben um herauszufinden, ob meine Vermutung richtig war. Mittags wurde es uns zu heiß. Das Thermometer zeigte 33 Grad im Schatten. Also ab nach Hause, Siesta machen und nachmittags nochmal ins Städtchen zum Bummeln. Wir gönnten uns einen Kaffee in dem kleinen Restaurant am Hafen, wo wir die Woche zuvor noch alle zusammen gegessen hatten. Wie ich so da saß und auf die Felsen schaute, kam mir die Energie noch mächtiger vor als oben an unserem Haus. Wieder spürte ich diesen Druck im Kopf und mir wurde schwindelig. Ein kurzer Gedanke an die Finca Argayall, die ich von dort sehen konnte. „Soll ich nicht doch nochmal im Laufe der Woche hingehen? Vielleicht hat der erste Eindruck getäuscht?" so schoss es mir durch den Kopf. Richtig überzeugt war ich jedoch nicht. Meine Intuition sagte eher nein. Zum Abschluss des Tages beobachteten wir den Sonnenuntergang am Playa del Ingles. Das ist wahrscheinlich überall auf der Welt ein Schauspiel und immer wieder sehr ergreifend. Wir konnten herrlich nebeneinander schweigen und den Anblick genießen. Abends saßen wir noch eine Weile zusammen auf der Terrasse und plauderten. Dann ab ins Bett - der Berg war wieder sehr präsent. Im Laufe der Nacht machte sich eine bisher ungekannte Spannung in mir breit. Sie füllte meinen ganzen Körper aus. In meinem Kopf tauchten Bilder auf von Felslawinen, die herunterstürzten, Erdbewegungen und Magmaströmen. Alles aber nicht in unmittelbarer

Nähe, sondern eher weiter weg - vielleicht auf der anderen Seite der Insel? Ist da was passiert? Ein Auto samt Insassen unter den Steinen begraben? Ich hörte keine Sirenen, keinen Hubschrauber. Kommt denn niemand zu Hilfe? Oder war das nur eine Vorahnung für morgen, dass wir für unseren geplanten Ausflug eine andere Route oder sogar einen anderen Tag wählen sollten? Ich konnte nicht schlafen, die Spannung hielt an.

Na, erst mal aufs Klo, vielleicht wird es dann besser. Draußen jammerte Don Juan, Nachbars Katze, die wir für uns so genannt hatten. Sie kam uns regelmäßig besuchen. Es klang wie Klagelaute. Rollig sein hört sich definitiv anders an. Sollte ich mal nachsehen, ob ihr was passiert ist? Ach nee, wieder zurück ins Bett - die Katze jammerte immer noch.

Ich spürte in verschiedene Situationen hinein:

- Im Garten zu Hause alles in Ordnung? - Jupp

- Gabi, meine beste Freundin, alles gesund und munter? - Jupp

- Bei Ella, die im EG unter mir schlieft, alles gut? Keine Alpträume? - Nö, alles gut

Die Spannung in meinem Körper war fast nicht auszuhalten. Ich musste runtergehen und eine Weile an die frische Luft. Ein Schluck Wasser wäre jetzt auch nicht verkehrt. Gedacht – getan. Als ich auf der Terrasse saß, wurde die Katze auf einmal still. Stattdessen fingen oberhalb unseres Hauses ein paar Tiere an zu jammern. Keine Ahnung was für welche - Hunde waren es jedenfalls nicht. Ein Hahn krähte und das mitten in der Nacht! Der Schall/das

Echo all dessen floss ins Tal hinab und hallte noch leise von den Bergen wider.

Dann war es urplötzlich gespenstig still - alles vorbei.

Meine Spannung im Körper war verschwunden. Ich ging ins Bett und fiel in einen tiefen traumlosen Schlaf. Ein letzter Gedanke noch, dass ich morgen Ella davon erzählen muss. Auch so was hatte ich noch nie erlebt.

Auflösung

Beim Frühstück frage ich Ella, ob sie was von letzter Nacht mitbekommen hätte.

Sie verneinte: „Nö, rein gar nichts. Sie hätte allerdings gestern Abend am Strand schon bemerkt, dass sich bei mir irgendein Prozess anbahnte."

Nach meiner Schilderung der Erlebnisse der letzten Nacht bot sie an, dies mal zu channeln.

Ich antwortete: „Jupp, sehr gerne."

Sie sah eine Höhle, wo eine Frau gerade ihr Baby zur Welt brachte.

Ich: „Keine Resonanz bei mir".

Ella: „Dann eine Steinlawine und Vulkanausbruch".

Ich: „Joa, schon eher."

Ella: „Die Höhle wird von einem Erdrutsch verschüttet. Mutter und Baby werden eingeschlossen. Ich sei nicht die Mutter, sondern der Mann dazu, der verzweifelt von außen versucht, die Steine wegzuräumen."

Ich: „Volltreffer," und fange an zu heulen.

Ella: „Es gelingt dem Mann nicht, Mutter und Baby zu retten; sie sterben in der Höhle. Das Ganze sei schon vor ein paar hundert Jahren passiert, so um 1845 o. ä. Aber nicht hier auf der Insel. Ob ich mit Italien-Sizilien was anfangen könne? Allerdings wäre das gerade ihr Ding."

Ich: „Nö, keine Resonanz."

Ella: „Ah, Neuseeland!"

Volltreffer - meine Tränen kullern wieder über mein Gesicht.

Ella: „Ob ich Maori nett, sympathisch und irgendwie anziehend fände, bzw. einen Draht zu ihnen hätte?"

Ich: „Jupp, definitiv. Ich bin fasziniert von ihnen und fühle mich zu ihnen hingezogen."

Ella: „Ah ja, das passt. Es schien sich um eine Mischehe zu handeln. Ich als Maori Mann mit einer weißen Frau. Eine derart starke Liebe - gegen alle Konventionen. Und das in der damaligen Zeit."

Ich: „Das erklärt auch dieses ganz besondere Lebens- bzw. Glücksgefühl, welches ich bislang nur dort empfunden habe. In keinem anderen Land hatte ich je etwas Derartiges gespürt. Vielleicht hängt meine Seele immer noch daran und kann nicht vergessen. Erklärt, warum ich lieber allein lebe und bisherige Beziehungen nicht gehalten haben. Immer noch auf der Suche nach dieser einzigartigen Verbundenheit. Vielleicht sogar auf einer anderen Ebene - im Jenseits. Vielleicht auch daher mein Interesse an einer LZL- Reise. Eine Reise ins Leben zwischen den Leben. Also auf die Seelenebene, nachdem der physische Körper nicht mehr ist."

Auszug aus Wikipedia:

„Die therapeutische Methode von Michael Newton basierte auf psychologische Beratung und Verhaltensmodifikation und sollte Menschen dabei helfen in Kontakt mit ihrer Seele bzw. ihrem Höheren Selbst zu gelangen, um so eine Lösung für zumeist tiefgründige Probleme oder eine neue Lebensausrichtung zu finden. Er konzentrierte sich in seinen Rückführungen insbesondere auf das Leben seiner Patienten in einer hypothetisch angenommenen geistigen Welt zwischen den Leben und ihre spirituelle Entwicklung. Er hatte während seiner mehr als 30-jährigen Praxis in parawissenschaftlichen Studien eine sogenannte "Landkarte" der geistigen Welt erarbeitet, in der wir nach dem Tod und vor einem neuen Leben existieren sollen. In seiner Literatur beschrieb Michael Newton die Erfahrungen seiner Patienten und das Leben in der geistigen Welt."[13]

Ella: „Ja, Du bist eine Suchende."

Wow, genau das hatte auch Cemal mir letzte Woche in der Abschlussrunde gesagt, dass er mich als genau so jemanden sieht. Wieder eine Erkenntnis! Wo ich doch schon 2x in NZ war. Einmal sogar ausgewandert, um dort ein neues Leben anzufangen. Mich gerne dort mit Haut und Haaren verliebt hätte; eintauchen in ein anderes Leben; Hauptsache naturnah - dem Land und den Menschen verbunden. Letztendlich hatte es nicht geklappt. Ich war gescheitert, da mein zugesagter Job sich vor Ort in Luft aufgelöst hatte und sich keine adäquate Alternative finden ließ. Rotz und Wasser heulend hatte ich noch auf dem Flughafen in Auckland bis zur letzten Sekunde gezögert den Rückweg anzutreten - diesen einen Schritt durch die Boarding Kontrolle zu gehen und damit meinen Traum zu

---

[13] https://de.wikipedia.org/wiki/Michael_Newton

begraben. Nach dieser schweren Entscheidung war die Sache für mich damals dann abgehakt. Aber, wenn ich ehrlich bin, so ein kleiner Funke glüht immer noch in mir ...

Ist nicht jeder irgendwie auf der Suche nach...Glück, Zufriedenheit, Geld, einem guten Job, der großen Liebe, ...? Wenn man es dann gefunden hat, was dann? Wird es irgendwann langweilig bzw. vom Alltag aufgefressen? Fängt die Suche dann wieder von vorne an? Ist ein Ankommen überhaupt möglich oder ist dieser Zustand nur ein flüchtiger Augenblick?

Inselrundfahrt

Heute war eine Inselrundfahrt dran. Nochmal Hermigua im Norden besuchen, welches mich so emotional gepackt hatte. Und - was für eine Enttäuschung. Diesmal habe ich so rein gar nichts gespürt - null, nada, nothing. Ein ganz normales typisches gomerisches Dörfchen; leicht touristisch angehaucht aufgrund der Aloe Vera Farm. Dort hielten ab und zu Busse, damit die Touristen den Schau- und Verkaufsraum besichtigen konnten; und natürlich auch was kaufen sollten. Ansonsten gab es da nichts zu tun, irgendwie langweilig. Erstaunlich, wie sich das jetzt so ganz anders anfühlte. Dann fuhren wir runter ans Wasser. Hier waren noch einige Betonpfeiler zu sehen - Überreste eines ehemaligen Hafens. Das Meer war sehr kraftvoll. Rollende Wellen, die an den groben Kieselstrand spülten. Sie schienen förmlich zu singen; eine Melodie - wie ein leises Summen hing in der Luft. Ella wollte noch nach Agulo. Für sie war es dieses Städtchen, welches sie beim ersten Mal so berührt hatte. Ein sauberer kleiner Ort mit schmalen Gassen. Hier hörten wir die gomerische Pfeifsprache zum ersten und einzigen Mal. Irgendwo in den Felsen waren wohl Leute unterwegs, die sich unterhielten. Die Töne schienen aus verschiedenen Richtungen zu kommen; oder war es nur ein Echo?

Auszug aus Wikipedia:

„Silbo Gomero [ˈsilβo] (Silbo spanisch: Pfiff) ist ein Kommunikationssystem, durch das akustische Merkmale einer gesprochenen Sprache durch Pfiffe dargestellt werden. Silbo Gomero basiert heute auf der spanischen Sprache und wird hauptsächlich auf der spanischen Kanareninsel La Gomera verwendet. Die UNESCO geht von mehr als 20.000 „Silbadores" (Benutzer des Silbo Gomero) aus.[14]

Von hier aus ging es weiter einmal quer über die Insel in den Süden. Playa Santiago war unser nächstes Ziel. Im Norden noch dichter Wald und Bananenplantagen - hier nun einfach nur raue Felsen. Eine imposante und wilde Schönheit, die mich mit Ehrfurcht erfüllte. Santiago selber ist ein totales Touristen/Urlauber Städtchen. Sehr gepflegt - man merkt, hier steckt Geld. Ein „All inclusive „hastenichtgesehn" Hotel mit Pool und allem Komfort und zurück ;-) plus Golfplatz! Nur ein schmaler Steinstrand. Auf den ersten Blick eher abweisend und unbequem. Als ich mich aber drauf einließ, merkte ich die Sanftheit dahinter. Selbst das Wasser hatte etwas Weiches an sich - toller Kontrast. Dann machten wir uns auf den Rückweg. In Chipude hielten wir an einer Töpferei. Dort erstand ich eine kleine Tonschale. Ich sammle Schalen aus jedem Land, das ich besuche. Besonders beeindruckend war allerdings der Aussichtsplatz an der fast höchsten Stelle der Insel. Von dort hatte man eine herrliche Sicht auf den Tafelberg. Mitten auf dem Platz stand eine kleine Kapelle. Zwei Wanderer machten dort gerade Pause. Zu Hause angekommen waren wir sehr erschossen und müde. Danke Ella, dass Du die Fahrerei übernommen hast.

---

[14] https://de.wikipedia.org/wiki/El_Silbo

Gomerische Kunst

Heute wollten wir es ruhig angehen lassen, besonders nach dem gestrigen Tag. Also morgens runter an den Strand und faulenzen. Ella wollte schwimmen und ich mich ein bisschen in der Gegend treiben lassen. Schon mal ein paar Plätze zum Malen ausgucken. Als Erstes zog es mich in den Ort. Oh, die kleine Galerie hatte endlich geöffnet. Wie wunderbar, da wollte ich schon die ganze Zeit mal rein. Sooo schöne Sachen, toll und teuer. Letztendlich habe ich ein Bild erstanden, welches mich gepackt hatte. Es wurde mit den Pigmenten von La Gomera gemalt. Die Künstlerin war Barbara Brodegger aus Österreich. Sie ist jedes Jahr im Januar hier auf La Gomera. Einerseits um selbst zu malen; andererseits bietet sie entsprechende Kurse an. Darin werden die Erden von den Teilnehmern unter ihrer Anleitung selbst gesucht, aufbereitet und dann damit gemalt - alles in freier Natur, begleitet durch schamanische Heilarbeit. Auf diese Art und Weise kommen die Teilnehmer/innen noch mehr mit der Insel in Kontakt. „Die Frau muss ich kennenlernen."

Na, das wär doch mal was für mich - spricht mich total an. Schon auffällig, dass sich gerade jetzt so eine kreative Phase zeigt. Wie wunderbar, dass ich es mir leisten kann. Go with the flow - das einfach annehmen und mich dem hingeben, ohne ein schlechtes Gewissen zu haben. Allein diese Gedankenspielerei, Öffnung von Möglichkeiten, erfüllte mich mit Freude. Mittags hielten wir wieder Siesta im Haus. Nachmittags nochmal an den Strand. Es ergab sich noch ein interessantes Gespräch. Ella sieht das Leben nicht als lineare Abfolge von Ereignissen, sondern als eine Spirale, die sich vor- und zurückdreht. Immer in Bewegung und auf dieser Spirale sind die Ereignisse angeordnet. Alle gleichzeitig. Lediglich mit dem Bewusstsein kann man hin und herspringen.

Das erinnerte mich an eine Gruppen-Meditation bei Aurora Scholz. Ich war mir selbst als alte Frau begegnet. Sehr faszinierend.

Hätte ich damals nicht für möglich gehalten; hatte aber funktioniert:

Aurora führte uns mit ihrer sanften Stimme in den meditativen Zustand. Wir sollten durch einen Wald auf eine Lichtung gehen. Dort stünde eine Bank. Dort sollten wir Platz nehmen und warten, wer als Nächstes auf uns zukommen würde. Ab da ließ sie uns allein mit den weiteren Erlebnissen. Auf mich kam dann tatsächlich eine ältere Frau zu. Sie war adrett und zugleich leger gekleidet. Ich schätzte sie auf Anfang 70. Eine schmale, fast zähe Person, die innere Stärke ausstrahlte. Von Weichheit und Freude war eher wenig zu erkennen. Sie setzte sich schweigend neben mich. Erst war ich ziemlich perplex und wusste nicht was ich sagen sollte. Dann fiel mir ein, sie um Rat bzgl. einer meiner damaligen Geschäftsideen zu fragen; ob ich das machen solle oder eher nicht. Sie antwortete: „Ja, das könne ich machen, aber die Luft da oben wäre sehr dünn und es würde viele Neider geben." Ob ich sie in den Arm nehmen dürfe? Sie nickte. So saßen wir eine Weile schweigend. Dann sprach sie: „Es täte so gut, sich mal anlehnen zu können und gehalten zu werden. Es wäre schon sehr hart immer Alleinkämpferin zu sein." Dann drangen Aurora's Worte wieder in mein Bewusstsein und forderte uns auf, die Begegnung zu beenden. Die alte Frau erhob sich und ging; ich blieb schweigend sitzen. Kurz bevor sie zwischen den Bäumen verschwand, drehte sie sich noch einmal um. Jetzt hatte sie einen körpergroßen Stab in der Hand, auf den sie sich etwas abstützte und sprach: „Folge dem schamanischen Weg"

Die Quantenphysik besagt genau das. Alles existiert gleichzeitig - wir wechseln nur mit unserem Bewusstsein die Zeit bzw. den Ort bzw. die Dimension. Diese Art zu denken warf ein ganz neues Licht auf das Leben an sich.

In der Zeitschrift „Focus" wurde das Phänomen einigermaßen verständlich beschrieben.[15]

Abends nochmal den Sonnenuntergang am Meer beobachten. Heute hingen ein paar Wolken am Himmel und es war sagenhaft. Es zeigten sich die schönsten Landschaften. Bei der Gelegenheit hatte ich auch schon mal rein gespürt: Unabhängig von den äußeren Erscheinungen - was für ein Bild würde ich malen, um dieses Erlebnis mit meinen Emotionen auf das Papier zu bringen. Und es funktio-

---

[15] https://www.focus.de/wissen/mensch/naturwissenschaften/quantenphysik-endlich-verstanden-deshalb-kann-ein-objekt-an-zwei-orten-gleichzeitig-sein_id_4352630.html

nierte! Es unterschied sich deutlich von dem, was das physische Auge sieht und drückte trotzdem das aus, was ich bei dem Anblick empfand. Seufz - herrlich. Das wollte ich unbedingt noch in den letzten verbleibenden Tagen ausprobieren.

Dafür hatte ich mir heute Morgen schon zwei Plätze ausgesucht: Einer lag oberhalb der Finca Argayall in den Felsen. Der andere am Ende des Playa del Ingles, direkt am Meer. Und dann wäre ich komplett satt - wäre alles passiert, was passieren sollte.

Zudem bekam ich ein wenig Heimweh. Nicht nach der Arbeit mit den Klienten, sondern nach meinem Garten. Es gab auch sonst noch zu tun: Etliches lesen, dieses Buch schreiben, dafür recherchieren, vielleicht schon Pläne schmieden für nächstes Jahr, Pflanzen und Fengh Shui für den Garten überlegen.

Ob sich wohl inzwischen ein 4. Teilnehmer für das Baumseminar Mitte Oktober gemeldet hatte? Na, wenn es ausfällt, ist das auch Ok. Wir - eine Bekannte und ich - könnten dies nächstes Frühjahr ja nochmal anbieten.

Ella ging es ähnlich. Sie sehnte sich nach ihrer Arbeit, ihren Klienten und zu Hause.

Noch 3 Nächte auf diesen unsäglichen Matratzen... Rückenschmerzen pur. Wir beide.

Malen und Energievampir

Und wieder eine Nacht mit Rückenschmerzen und hin-
und her wälzen. Dazu noch nächtlicher Besuch: Don Juan
sprang durch das geöffnete Fenster direkt neben mich
aufs Bett. Das hat mir einen heiden Schreck eingejagt.
Dann verkroch er sich im offenen Schrank, um sich ausgiebig zu putzen. Derweil draußen - etwas unterhalb - ein Ge-
heule von mind. 2-3 Hunden. „Na mein Freund, hast Du
etwas damit zu tun?" scherzte ich, nachdem der erste
Schreck verflogen war. Ich ließ ihn aber in Ruhe und versuchte wieder einzuschlafen. Nach 10 Min. sprang er wieder raus. Nach 5 Min. nochmal rein und dann wieder nach
10 Min. raus. Dementsprechend gerädert war ich am
nächsten Morgen. Wir fuhren wieder an den Familien
Strand. Ich wanderte zum Malen in Richtung Playa del
Ingles. Obwohl ich mir gestern dafür einen Platz unten am
Meer ausgeguckt hatte, zog es mich heute etwas höher
rauf in die Felsen. Von dort oben hatte ich einen schönen
weiten Blick. Ich meditierte eine Weile. In meiner Vorstellung formte ich einen Energieball zwischen meinen Händen. Diesen führte ich dann zum Herzen, um mich somit
für die Landschaft zu öffnen. Danach wartete ich einfach
ab, welche Bilder vor meinem inneren Auge auftauchen
würden. Die Malsachen hatte ich vorher schon bereitge-
legt. Ob es wohl so wie gestern funktionieren würde?
Hurra, es klappte aber ein völlig anderes Bild tauchte auf:
Felsen rechts und links, die ein V bildeten. Dahinter das
Meer und der Himmel. Vor diesem Hintergrund formte
sich ein weibliches Gesicht mit Händen an den Wangen.

Ella erzählte mir später, dass sie dieses Motiv kannte. Die Interpretation hatte mit dem Thema Weiblichkeit, Sexualität, Geburt und neues Leben schenken zu tun. Nun fragte ich mich, ob das wirklich nur auf physischer Ebene gemeint sei oder ob man das nicht auch im übertragenen Sinn interpretieren könne; z. B. dem eigenen Leben eine neue Richtung geben, ähnlich wie eine Geburt.

Nach ungefähr einer Stunde packte es mich urplötzlich - ich musste sofort aufhören. Ich fühlte mich schlagartig unwohl, irgendwie schwindelig und leicht übel.

Also geschwind alles zusammengepackt. Eine Abkühlung im Wasser täte mir vielleicht ganz gut, dachte ich. Auf dem Weg zum Familienstrand brauchte ich höchste Konzentration, um nicht zusammenzubrechen. So etwas kannte ich von mir in der Form überhaupt nicht. Na, mein Kreislauf spinnt, kam mir in den Sinn, zumal es gerade richtig schwül war. Obwohl ich ganz langsam im Schatten ging, wurde es einfach nicht besser. Bei Ella angekommen ließ ich mich neben sie unter den Sonnenschirm plumpsen. Sie - aurasichtig - fragte mich dann nach einer Weile, ob sie mich berühren dürfe. Ich hätte da so etwas Starres auf meinem Rücken. Sie gab mir ein bisschen universelle Energie und damit wurde es etwas besser. Tja, da hatte sich wohl ein „Geistwesen" an mich geklammert und mir Energie geklaut. Im realen Leben können auch Menschen zu sog. „Energievampiren" werden. Man erkennt sie daran, dass man sich nach einer Begegnung mit ihnen deutlich unwohler und wie ausgelaugt fühlt.

Kein Wunder, wenn man seine Aura öffnet, wie ich es getan hatte, ist man angreifbar. Wie Ella mir später berichtete, hatte sie mich erst gar nicht spüren können. Da war nur eine Leere, obwohl mein Körper anwesend war.

Nachmittags hielten wir wie gehabt unsere Siesta im kühlen Haus. Abends wollten wir dann Cemal und Tom besuchen. Die Beiden hatten sich eine Unterkunft in einem kleinen Nachbarort gemietet und uns zum gemeinsamen Kochen eingeladen. Ich war schon sehr gespannt. Und dann oje oje, das Häuschen lag ziemlich abseits am Ende eines einsamen steinigen Pfades. Unmittelbar an einem Abgrund - und ich mit meiner Höhenangst - das war echt eine Herausforderung. Der Abend war dafür umso schöner. Wir haben uns gut unterhalten und das Essen war wirklich lecker.

Die Rückfahrt, das erste Mal im Dunkeln, hat auch super geklappt. Also gut gerüstet für übermorgen früh, wenn wir um 5.30 starten müssen, um den Heimweg anzutreten.

Letzter Tag

Heute letzter Tag - mit einem weinenden und einem lachenden Auge. Ach doch, ich freute mich auf Zuhause, auf meinen Garten und noch ein paar freie Tage zum „Rumpuddeln", bevor es wieder an die Arbeit geht.

Morgens waren wir noch ein wenig in den Bergen spazieren. Angeblich sollte es da irgendwo eine Quelle geben, aus der man Trinkwasser schöpfen könne. Wir haben sie allerdings nicht gefunden, dafür nochmal einen wunderschönen Ausblick genossen.

In meinem Kopf schwirrte noch das Bild, welches ich vor ein paar Tagen in der Galerie erstanden hatte. Es war mit Ocker von La Gomera gemalt worden. Das hatte mich so fasziniert und berührt. Deshalb hielt ich jetzt Ausschau, ob ich nicht auch irgendwo diesen Ocker finden könnte. Irgendwie bin ich da ja „Jäger und Sammler"... Und tatsächlich, hier oben wurde ich fündig.

Es löst doch immer wieder ein Glücksgefühl in mir aus, wenn ich finde, was ich suche bzw. ich mir wünsche. Ebenso geht es mir mit dem eigenen Lebenszweck bzw. -sinn. Natürlich sollte ich dann auch wissen, was genau ich suche - sprich ein Ziel haben; sonst weiß ich ja gar nicht, wonach ich Ausschau halten soll.

Nachmittags ein letztes Bad im Meer. Sich sanft von den Wellen tragen lassen und die Stimmung nochmal ganz bewusst in sich aufsaugen. Einfach nur schön - um nicht zu sagen fast göttlich. Dann Koffer packen, den Abend gemütlich auf der Terrasse unseres Häuschens ausklingen lassen. Über uns ein sternenklarer Himmel.

Für mich stand fest, dass ich unbedingt nochmal hierherkommen muss.

Abreise

4.30 aufstehen. Mit dem Auto zur Fähre, Überfahrt nach Teneriffa. Von dort mit dem Flieger nach Düsseldorf-Weeze. Diana holte uns ab und sie war auch pünktlich. Alles in allem hat gut geklappt und um 22.15 war ich zu Hause.

Zuhause

Endlich wieder gut schlafen. Das eigene Bett und eine gute Matratze sind doch Gold wert. Wäsche waschen - alles sortieren etc. Was halt alles anfällt nach so einer Reise. Entweder war heute wieder hoher Luftdruck oder sog. Biowetter. Jedenfalls war mein Blutdruck im Keller und mir total schwindelig. Oder war ich einfach nur noch entschleunigt? Wie schön, noch ein paar Tage frei zu haben. Im Gegensatz zu Tom. Er musste heute noch nach München fahren, um nachmittags im Büro zu arbeiten. Auch Doris war letzte Woche sofort wieder in ihren Alltag eingetaucht. Was für ein Luxus, den ich mir da gerade leistete und ich hatte überhaupt kein schlechtes Gewissen... Ganz untypisch für mich! „Go with the flow". Ich war auch voller Vertrauen, dass die Auftragslage im November und Dezember wieder steigen und ich gut über die Runden kommen würde. „Der Kampf ist vorbei". Das hatte Ella auch nochmal als Information für mich bekommen am letzten Tag auf La Gomera. Sie hatte mir noch eine energetische Ausleitung gegeben und dabei meinen Energiekörper angehoben, aufgeladen und wieder auf das normale Niveau heruntergebracht. Indem Zuge hatte sie folgendes Bild vor Augen: Ein Heer von Kämpfern stieg die Hänge hinab und legten ihre Waffen nieder. Waffenstillstand - Frieden - der Kampf ist vorbei. Das deckt sich mit dem Bild, welches meine Reiki Lehrerin mal über mich in einer Trance hatte: Ich ritt auf einem Streitross, ein Schwert umhängen bzw. auf meinem Rücken befestigt. Neben mir mein Kampfgefährte. Tja, also irgendwann in einem früheren Leben....

Die folgende Woche/Resümee

Diese Unbeschwertheit hielt noch ein paar Tage an. Ich habe mich ausgiebig um meinen Schamanengarten gekümmert. Tatsächlich wurde mir in den Tagen klar, wie sehr ich das vermisst hatte - als wäre das ein absolut wichtiger und unverzichtbarer Teil in meinem Leben. Natürlich habe ich meine beste Freundin besucht. Durch ihren mittlerweile verstorbenen Mann hatte ich diesen Garten bekommen. Seitdem hatte sich unser Verhältnis nochmal intensiviert. Meine Kunden ließen mich in Ruhe, als ob sie ahnten, dass ich diese Zeit noch brauchte. Erst allmählich gewöhnte ich mich wieder an den Arbeits-Alltag in Deutschland. Meine Gedanken wanderten zu Ella. Wir wollten uns doch diese Woche noch treffen und eine Gemeinschaftsarbeit entwerfen. Ein Workshop, wo jede von uns beiden mit ihren Talenten zum Einsatz käme - für Menschen, die auf der Suche sind...nach einem Ziel, dem Lebenssinn, einer Vision/Veränderung. Na, ich rufe sie mal an. Schließlich bin ich ihr noch eine Bowtech Anwendung schuldig; als Ausgleich für die energetische Ausleitung, die sie mir gegeben hatte. Ella hat einen „energetischen" Namen und ich fragte sie nach dessen Bedeutung. Es heißt „die Nährende" - ja in der Tat, sie hatte mich genährt. Ohne sie wären mir wichtige Erkenntnisse nicht zuteilgeworden. Danke, danke, danke dafür!

Als Resümee von La Gomera kann ich nur sagen, dass es der intensivste Urlaub war, den ich

je erlebt habe. Sicherlich aufgrund der schamanischen Arbeit und Ella's Begleitung. Ich habe viel über mich erfahren, was mir sonst verborgen geblieben wäre. Des Weiteren bin ich fest davon überzeugt, dass es ohne diese besondere Energie auf der Insel und durch die Kraft der Felsen nicht so tief gegangen wäre. Ich bin mir sicher, dass ein lauer Ostseestrand andere Ergebnisse gebracht hätte. La Gomera hat mich jedenfalls sehr bewegt und ich bin unendlich dankbar dafür! Tatsächlich tauchte ein paar Monate später noch eine „alte Geschichte" von vor über 25 Jahren auf. Die Trennung von meinem damaligen Lebenspartner war sehr unschön. Ich habe den Kontakt nach langer Sendepause wieder aufgenommen und so konnten wir das bereinigen. Jetzt herrscht kein Groll mehr und wir haben uns von ganzem Herzen alles Gute gewünscht. Auch dafür ein großes Dankeschön! Anfang Januar 2019 habe ich dann entscheidende Schritte unternommen, um meine berufliche Situation zu verändern; und mein Verstand hat bei dieser Entscheidung ganz schön gegen mich gearbeitet ;-)...Ich brauchte eine Arbeit, die ich ortsunabhängig ausüben konnte. Was lag da näher, als es mit einem Online-Business zu probieren? Es sollte natürlich thematisch zu meinen Interessen passen. Das „www" bietet ja inzwischen so viele Möglichkeiten; nur dass ich keine Ahnung hatte, wie man so etwas auf die Beine stellt. Bei meinen Recherchen stieß ich auf einen seriösen und erfolgreichen Menschen. Er bot ein Coaching Programm an, in dem einem Schritt für Schritt erklärt würde, wie man vorzugehen hätte. Das Ganze sollte 4 Jahre!

dauern und für meine Verhältnisse einen „Arsch voll Geld" kosten. In einem ausgiebigen Telefonat habe ich mich nochmals beraten lassen. Das Programm würde meine ganzen Ersparnisse verschlingen. Ersparnisse, die mir einen gewissen finanziellen Rückhalt und vermeintliche Sicherheit boten.

Sollte ich das riskieren und alles auf eine Karte setzten? Angst und Zweifel stiegen in mir hoch.

Was, wenn ich das nicht schaffen würde? Dann wäre das ganze Geld weg und ich müsste den „Gang nach Carnossa" gehen und beim Amt um Hilfe betteln - so kam es mir in dem Augenblick jedenfalls vor - und das widerstrebte meinem Stolz auf heftigste Weise.

Die Alternative wäre gewesen so weitermachen wie bisher. Das brächte mich aber der Lösung meines Problems keinen Deut weiter - ganz im Gegenteil - ich würde möglicherweise in der Altersarmut landen. Ich war hin und hergerissen.

Mein Verstand sagte: „Tu das nicht - viel zu riskant. Willst Du wirklich soviel Zeit am Computer verbringen? Das ist doch gar nicht Dein Ding. Du bist doch vielmehr der „Draußen Mensch" und im Wald zuhause.

Mein Innerstes sprach: „Mach das! Das ist Deine große Chance etwas zu verändern und zum Erfolg zu führen."

Ich habe mir eine Nacht Bedenkzeit ausgebeten - eine Nacht in der ich nicht viel geschlafen habe. Meine Gedanken und Emotionen gingen rauf und runter.

Am nächsten Tag habe ich dann Rotz und Wasser heulend den Vertrag unterschrieben.

Es würde zwar noch viel Arbeit werden, aber ich hatte mein „Wie" und „Warum" gefunden und freue mich seitdem jeden Tag meinem Ziel näherzukommen. Das Thema meines Online-Business' lautet:

Freiheit für die Seele - Erkenne Dich selbst im Spiegel der Natur

Durch Naturerfahrung mit allen Sinnen möchte ich Menschen helfen ein glückliches, zufriedenes Leben zu führen und Lösungen sowie Inspiration für das eigene Leben zu finden.

Damit auch mein Verstand ein bisschen Futter hat, habe ich meine bisherige Tätigkeit erstmal-

beibehalten, um meinen Lebensunterhalt zu verdienen; allerdings das Arbeitspensum deutlich heruntergeschraubt. Dazu schaue ich seitdem nicht mehr soviel Fernsehen. So habe ich mehr Zeit und Energie für den Aufbau meines neuen Geschäftes.

So Stand der Dinge im Frühjahr 2019. Aber wie heißt es so schön? Immer im Fluss bleiben - nichts ist so beständig wie die Veränderung.

Quellenangaben

1. https://wikitravel.org/de/La_Gomera
2. ttps://vistano.com/spirituelle-lebensbera-tung/my thologie-alte-kulturen/la-gomera-das-alte-herz-von-atlantis/Magazin
3. Magazin » Mystik » La Gomera – das Herz von Atlantis
4. https://traum-deutung.de/toilette/
5. https://morphischesfeld.com/
6. https://de.wikipedia.org/wiki/Akasha-Chronik
7. https://www.schamanismus-in-owl.de/was-ist-schamanismus/
8. https://secret-wiki.de/wiki/Gehirnwellen#Alpha_Wellen
9. https://de.chabad.org/library/article_cdo/aid/529708/jewish/Den-Himmel-auf-die-Erde-bringen.htm
10. http://meinonlinetherapeut.de/psychische-gesundheit/vts/
11. https://alleingeborener-zwilling.com/
12. https://coaching-fuer-hochsensible.de/hochsensibilitaet-verstehen/
13. https://de.wikipedia.org/wiki/Michael_Newton
14. ttps://de.wikipedia.org/wiki/El_Silbo
15. https://www.focus.de/wissen/mensch/naturwissenschaften/quantenphysik-endlich-verstanden-deshalb-kann-ein-objekt-an-zwei-orten-gleichzeitig-sein_id_4352630.html

Über die Autorin

Iris Lewalski arbeitet seit 1999 in eigener Praxis als Gesundheits- und Naturcoach.

Ihre Mission ist „Seelen heilen" - Seelenschmerz als Ursache körperlicher Beschwerden.

„Damit möchte ich Menschen helfen, ein gesundes und erfülltes Leben zu führen. Wenn es den Menschen gut geht - wird es auch der Welt besser gehen. Durch Naturerfahrung mit allen Sinnen Zugang zur eigenen Seele (wieder) finden. Die Gesundheit stärken sowie Kraft und Mut tanken für nötige Veränderungen"

Sie gibt Workshops zu Themen wie schamanische Krafttierreisen, Medicine-Walks und Naturerfahrungen im Wald.

Sie erreichen die Autorin über:

www.irislewalski.webnode.com

Zeitfracht Medien GmbH
Ferdinand-Jühlke-Straße 7
99095 Erfurt, Deutschland
produktsicherheit@kolibri360.de